U0691437

短视频教学资源平台构建与应用

张　佳◎著

中国原子能出版社

图书在版编目（CIP）数据

短视频教学资源平台构建与应用 / 张佳著. -- 北京：
中国原子能出版社，2022.9
ISBN 978-7-5221-2113-0

Ⅰ．①短… Ⅱ．①张… Ⅲ．①网络教学－教育资源－
资源管理 Ⅳ．① G434

中国版本图书馆 CIP 数据核字（2022）第 170834 号

短视频教学资源平台构建与应用

出版发行	中国原子能出版社（北京市海淀区阜成路 43 号　100048）
责任编辑	张　磊　杨晓宇
责任印制	赵　明
印　　刷	北京天恒嘉业印刷有限公司
经　　销	全国新华书店
开　　本	787 mm×1092 mm　　　1/16
印　　张	11.5
字　　数	213 千字
版　　次	2022 年 9 月第 1 版　　　2022 年 9 月第 1 次印刷
书　　号	ISBN 978-7-5221-2113-0　　　**定　价** 72.00 元

作者简介

张　佳：男，1983年3月出生于湖北省襄阳市，硕士，副教授，计算机应用技术专业，研究方向为软件工程、人工智能，现任职于湖北文理学院理工学院。作为主持人承担省级教科研项目3项，作为负责人完成横向科研项目10余项，作为主编或副主编公开出版教材5部，以第一作者身份发表论文15篇，获得软件著作权4项。

近年来，我国教育信息化取得了跨越式的发展，各类教育软硬件基础设施的建设都有了较大的提高。从应用效果来看，现代信息技术和网络技术的发展及其应用为教育资源的共享与均衡配置提供了现实条件。当下，短视频教学资源以其自主性、互动性、便捷性和高效性等特点在校园中受到热捧。

尽管我国短视频教学资源的建设取得了快速的发展，但是在资源的使用过程中还存在着诸多问题，如资源的共享管理效率低、建设与需求不匹配、资源利用率低、师生缺乏互动交流等。

短视频教学资源平台具有有效管理视频资源、提升学生自主学习能力、方便使用等优点，可以解决短视频教学资源使用中存在的问题。其一，构建短视频教育资源平台解决了资源的共享管理效率低下的问题。平台系统的管理员用户可通过系统的后台对系统中的所有资源进行管理。其二，构建短视频教育资源平台有利于师生更加方便快捷地获取教学资源并且提高资源的利用率。短视频教学资源平台的出现，可以为学习者提供大量优秀的教学资源，学习者（用户）只要使用自己的账号和密码登录到平台中，便可以利用平台去获取优质的资源。学习者可以用不同的设备终端在不同的地方利用这些资源进行学习。其三，搭建短视频教育资源服务平台有利于改善目前低水平资源重复建设等问题。管理员可根据点击率及时剔除相对劣质的资源，使资源共享最大化得到最高效的管理，从而实现该服务平台对优质资源的实际应用价值。其四，通过利用短视频教育资源平台的信息交流模块，一方面师生间可以就教学资源中的内容进行交流，促进学生对知识点的理解学习；另一方面学生可申请所需要的短视频学习资源，从而达到资源的建设与需求相匹配的目的。因此，构建短视频教学资源平台并将其在教学领域加以应用，是社会、学校、教师、学生共同的迫切需求。

本书共六章，第一章为绪论，主要阐述三方面内容，分别为教学资源平台概述、教学资源平台的理论基础和短视频教学应用现状；第二章为短视频教学资源设计，包括短视频教学资源设计原则、短视频教学资源设计要素、短视频教学资源设计流程以及短视频教学资源设计存在问题及建议四部分内容；第三章重点对短视频教学资源平台的关键技术进行介绍，对短视频的制作技术、短视频后期处理技术、大数据技术和个性化推荐技术予以详细阐述；第四章为教学资源平台的构建，重点介绍了三方面内容，分别为教学资源平台的建设原则与规划、教学资源平台的构建细则以及学习平台移动终端的建设；第五章为教学资源平台应用模式分析，包括翻转课堂应用模式、微课应用模式和交互式微视频教学应用模式三部分内容；第六章为教学资源平台管理与应用展望，分别阐述了教学资源平台管理和教学资源平台应用展望。

在撰写本书的过程中，作者得到了许多专家学者的帮助与指导，参考了大量的学术文献，在此表示真挚的感谢。本书内容丰富新颖、系统全面，论述深入浅出、条理清晰，但由于作者水平有限，书中难免会有疏漏之处，希望广大同行批评指正。

作者

2022 年 4 月

目　录

第一章 绪论

本章为绪论，主要就教学资源平台及短视频教学进行基础阐述分析，以期读者对短视频教学资源平台实现整体认知，包括三部分内容，分别为教学资源平台概述、教学资源平台的理论基础以及短视频教学应用现状。

第一节 教学资源平台概述

一、教学资源平台的概念

在对教学资源平台进行阐述之前，需要先对教学资源进行了解和分析。

一般来说，教学资源有着广义与狭义之分。我们通常将可以应用到教学过程中的所有事物和人物称为广义的教学资源。广义的教学资源不但包括信息资源和非生命的实物，同样也包括人，前者有教学课件、教学设备、教室等，后者有学生、老师及与教学活动相关的其他人员。我们把教学过程中应用到的教学设备、教学软件、教学模型、书本、多媒体等称为狭义的教学资源，包括图书、电脑、多媒体课件、教学挂图等。

教学资源从抽象层次上可以看作一种数字化的教学材料，其可以在计算机上存储、展示、应用。这些教学材料可以使学生主动地进行合作和学习，使学生更加深入地理解知识、内化知识，从而完成教学任务。

本书研究的教学资源指的是狭义上的教学资源、抽象层次的教学资源，也就是数字化教学资源中的"短视频资源"。

教学资源平台是一种应用现代技术实现教学的管理平台，它为教学资源领域提供共享资源。教学资源平台以创建精品资源和网络教学为核心，目标为实现教学资源的共建共享，是面向海量资源处理的资源管理平台，具体功能有知识管理、资源分布式存储、资源管理、资源评价等。教学资源平台可以使师生享受到丰富的教学资源，从而促进教学活动的进行。

本书中的教学资源平台为短视频教学资源平台，是具备良好交互性、兼容性、可扩展性以及创新管理模式的新型教学资源平台，其依托"短视频"易于传播和强互动性的特点，将之与在线教育相结合，一方面使得高校间资源共享更具灵活性、便捷性以及实时性；另一方面也充分利用学生碎片化时间，使其随时随地在移动终端或网页完成学习任务，极大地提高学习成效。

二、教学资源平台的需求分析

当前，教师、学生以及高校都对教学资源平台的建设提出迫切需求，其背后亦是时代的必然要求。

（一）专业教师需求

在疫情的特殊时期，几乎每一位教师都投入到了全国范围内如火如荼的在线教学中。不过我们也要认识到，在线教学并不是因为疫情而兴起的，同时也不会因为疫情的缓解而消失或衰退。从教育部的相关政策来看，在线教学是国家教育信息化进程中坚定的战略方向。疫情期的在线教学更像是教育改革的一场"遭遇战"，只会更加坚定教育信息化的发展方向，应更加迅速地推进在线教育的改革和实践，加强在线教学资源和平台的建设。

对于高校专业教师来说，作为教育信息化和在线教育知识传播的主体，必须向"线上线下"的双师型角色进行转换，在教育现代化和教育信息化的进程中充当排头兵、先行者和主力军。

（二）学生需求

在传统课堂中，教师是知识传播的主体，学生则处于被动接受地位。首先随着教育信息化的快速发展，学生已经不再满足于传统课堂教学，学生渴望获取更加丰富的教学资源以及更多元化的教学模式；其次，学生个性化学习的需求也在增强。于是线上教学、线上线下混合式的教学模式已经被引入到高等教育的日常教学中，使现代化教学方法与传统教学模式得到了有机结合。而传统的线上教学资源的载体一般为传统课堂视频录制或"微课"的形式，在移动互联网环境下，基于短视频的教学资源显然更加能够吸引学生，主要有如下优势：

（1）有利于教学模式多样化。在移动互联网环境下，基于"短视频"的教学资源有着"碎片化"的特征，学生借助笔记本、手机、平板电脑等移动终端可随时随地开展学习，对传统的课堂教学模式起到良好的补充作用。

（2）有利于个性化学习。通过数据对学生的学习行为进行记录，并基于大数据和人工智能算法对学习数据进行分析，从而全面掌握学生的学习状态，并进行个性化教学资源的推荐。

（3）有利于提高学生的学习积极性。基于"短视频"的教学形式迎合了移动互联网环境下学生获取信息的习惯，增加了学习的趣味性。

（三）高校教学管理需求

对于高校教学管理人员（如教学督导、教务处和教学系部管理人员）来说，不断提升学校的教学质量以及教学管理水平是其首要职责。而教学管理人员只有在实时掌握了学生的学习动态、学习习惯以及学习兴趣后，才能够更有针对性地做出相应的教学调整或相应决策。

在传统的课堂教学模式下，教学管理人员只能采用随堂听课、学生座谈、学生评教等途径了解学生的真实需求，而这些方式并不能及时和客观地反映出学生学习情况的全貌。因此教学管理人员迫切希望借助信息化手段，通过在线的教学资源平台建设和运用，以及记录并分析学生的在线学习状态，从而及时地获取学生的学习动态、学习习惯以及学习兴趣的反馈，更好地促进教学。

三、教学资源平台的功能价值

（一）有助于教师备课

互联网的一大优势就是可以实现资源共享，这样可以使资源使用者随时随地进行资源的浏览和学习，不受时空的限制，而且同一资源可以被多人同时借阅，有着极大的便利性。

教师传统的备课方式凭借的就是教材和参考资料，这样不仅不能对教学任务进行创新，同时也不能满足师生双方的需求。目前，短视频发展得十分迅速，在教学领域，短视频也有着重要的作用。在教学资源平台上，教师可以搜索教学所需要的短视频，教师也可以利用视频生产工具自己制作短视频应用到教学中，同时自制的短视频也可以上传到教学资源平台上供互联网用户使用，完成这些行为十分方便，任意用户都可以在一个端口完成，体现了教学资源平台双向传输的特点，其一是方便进行下载和存储；其二是补充资源，便于教师优化教学设计。教学资源平台有助于教师专业发展，从而改变课堂、改变师生。

（二）有助于教学课堂创设生动情景

学生们都会对枯燥单一的教学内容和教学方法感到厌倦。传统的教学中，一些教师只会机械地讲解课本，情况好一点的对PPT进行"复读"，不仅不能激发学生的学习兴趣，还会使学生厌恶学习。现阶段的教师需要激起学生的学习兴趣和欲望，使其更好地投入到学习中，所以要从教学内容、模式、方法等方面进行创新，而短视频则是创新的一种重要方式。

在教学资源平台中，短视频有着生动的声音和丰富的画面，可以提高学生的学习主动性，同时，其个性化推荐和与时俱进的属性也充分吻合学生的心理认知、学习需求，只需花费几分钟时间，便能让学生自由地驰骋知识海洋，在真实、有趣的学习平台沐浴知识。

所以，教学资源平台可以为学生创设生动的学习空间、学习情境，从而促进学生学习效果的提升。

（三）有助于学生自主探索学习

在知识经济时代，学生的自我发展水平，一定程度上取决于自主学习能力。短视频教学资源平台体现灵活性学习的特点，能够针对学生需求进行个性化推荐，让学生利用课外的碎片时间，将课上没有掌握的知识进行再消化、再吸收，从而实现教学知识的巩固。同时，学生可以基于自身的学习状况来选择学习资源，积极利用教学资源平台进行相互评价和讨论。在这种学习方式下，学生能够轻松实现学有所得（例如，观看一条知识点短视频，当下便能直接掌握），日积月累更能实现质变提升，因此会产生很大的成就感。通过利用短视频教学资源平台进行自学，他们能够看到自身强大的学习潜力，从而也进一步激发创新意识，激发自我发展意识，这对日后的学习与发展都是大有裨益的。

（四）有助于学生合作学习和交流

短视频教学资源平台为学生的合作和交流提供了非常好的契机。通常来说，合作可以使学习事半功倍，在教学资源平台上，学生之间的合作和交流可以使他们分享自己的观念，不但可以培养学生的合作交流能力，同时使他们在思维碰撞、学习互动中增长学识。

例如，当学生 A 看到一条生动有趣的短视频时，就可以将它分享给同学或分享到班级群中，还可以分享自己对这条短视频所蕴含知识的观点与见解，和同学、老师进行相关讨论，在讨论中进一步深化知识，同时实现了知识的传播、营造了浓厚的学习氛围。

（五）有助于在线学习和即时评价

教学资源平台有助于在线学习，因为其可以创设在线的学习环境，并且为学生提供学习资源，便于教师指导学生，使学生完成自主学习。无法进行线下教学时，教师和学生可以通过教学资源平台进行学习，保证学习进度。另外，为了提高学习效率，教师还可以跟进学生学习数据并对其进行分析，了解学生整体学习情况、个体学习差异，从而对学生学习成效进行即时评价，方便对其进行督促，也有利于有针对性地制订下一阶段学习计划，实现因材施教。

（六）有助于提高学生的信息素养

网络上的资源多而杂，又有很多不良信息，如果放任学生在其他 APP 平台上随意浏览，他们很可能被与学习无关的东西所吸引。想让学生实现有效、高效学习，就需要构建短视频教学资源这样的精品平台。短视频教学资源平台的建立，可以将信息技术融入日常课程学习之中，学生在教学资源平台运用平台不同模块功能的同时，其本身的信息素养也在提升，因为教学资源平台的使用必然要用到信息技术。学生通过不同模块的搭建、查询、整合、应用、交流资料和信息的过程便可以提升其计算机素养和互联网能力，从而满足互联网时代的要求。

（七）有助于提升教师教学积极性

短视频的创作模式主要为 UGC（User Generated Content），即用户生成内容。一些信息素养高的教师可以将自身制作的短视频上传到教学资源平台上，不但可以收获粉丝，提升影响力，还可以依靠平台而获取经济效益，教学资源平台需要将激励机制落地，从而促进教师进行短视频的创作，提升其自我效能感。

四、教学资源平台的发展情况

（一）国外教学资源平台的发展情况

西方的一些发达国家的教学资源平台十分完善，他们大都以校企合作的形式来进行教学资源平台的建设。

1. 英国教学资源平台发展情况

1977年，英国就为师生提供了大量的信息化教学资源。作为欧洲最早在教育领域应用信息技术的国家，其政府也在当时成立了虚拟教师中心（Virtual Teacher Center，简称VTC）网站。经过多年的发展，英国已经有了完善的信息与通信技术教育计划，即ICT教育计划，这个计划在平台搭建、基础设施建设、网络资源建设、课程设计、教师培训等方面起到了重要作用。

2. 美国教学资源平台发展情况

美国政府启动多个项目来促进教育资源平台的建设，如美国教育资源门户网站，简称GEM，这个网站主要是针对教师展开某软件的使用培训和相关资源的学习，使教师们在教学中可以自如地应用数字化教学资源。随着社会的发展，人们对于教学资源的要求也越来越高，这时就需要传统的发布型资源平台进行升级，亟需解决的问题变为怎样获取优质教学资源和怎样分享自制的教学资源。云计算技术的出现为上述问题的解决提供了技术帮助，在教学资源的共建共享中利用云计算技术为业务应用提供支撑，是当下国外教学资源平台的主要建设形式。

2011年，美国的斯坦福大学、密歇根大学、华盛顿大学、普渡大学等和雅虎公司共同合作进行Hadoop集群的计算研究。

到了2012年，网络学习平台在美国多数大学中推广，最出名的为大型开放式在线课程（Massive Open Online Courses 简称MOOC）。随着技术的发展，手机在人们生活中扮演了越来越重要的角色，在教学中也发挥了不可忽视的作用，美国的评估公司独自开发了iTunes U，在其中有着免费的、优质的教育资源供师生使用，有助于教育资源管理的改善。

3. 新加坡教学资源平台发展情况

教育信息化发展规划项目简称MP，从1997年开始在新加坡实施，到了2015年已经有四个MP项目。新加坡的MP项目制定了开发高品质教学资源的策略，推动了新加坡数字化、信息化教学资源平台的建设，使其在信息教育的发展上处于世界最前列。

经过对英国、美国和新加坡三个代表性国家的教育资源平台的建设和发展情况分析，可以发现国外由于经济发展较早，在教育领域应用信息技术比我国要领先，同时研究得也比较深入，这些国家在资源管理和硬件开发方面都有着很丰富的经验，所以我国教学资源平台的建设可以参考这些国家的先进经验。

国外教育信息化都是根据自身的情况与时代背景做出的决策，我国在教育资源信息化的道路上，也要依据时代背景进行教育资源平台的建设。

（二）国内教学资源平台的发展情况

随着教育的发展，我国越来越重视教学资源平台的建设。目前国内已经有一些厂商建立了教学资源平台，并作为资源服务的一个部分销售给最终用户。从云计算技术引入我国后，各大厂商将原有的资源服务平台进行升级，建设了大量基于云的资源服务平台，为用户提供增值服务。举个例子，国家教育资源公共服务平台是政府主导建设的资源平台，学科网、教育资源网等是厂商利用云技术建设的教学资源平台，后者在国内的发展十分迅速。

我国教学资源平台近年来的发展势头迅猛，这有助于教师教学内容创新、学生自主学习能力的提升、信息化教学的改革。教学资源的建设也随着技术的发展，如云计算技术和大数据等，由单向互动到多向互动发展，同时网络服务体系和教学资源平台也越来越受到重视，我国现在有着多样的教学平台，包括：MOOC慕课、腾讯课堂、雨课堂、超星学习通、智慧树等，它们都向着共享共建和相互融合的方向发展。

在本书中，为了研究我国当下的教学资源平台的现状，作者在中国知网搜索关键词"教学资源平台"，限定年限为2010年至2021年初，检索出3484篇中文文献，其中有2506篇学术期刊和259篇学术论文，剩下的是会议和报纸，得出了以下的检索结论（表1-1-1、图1-1-1及图1-1-2）。

表 1-1-1 2010—2021 年初关于"教学资源平台"文献数量

检索词	2010	2011	2012	2013	2014	2015	2016	2017	2018	2019	2020
文献	148	163	241	265	326	339	380	393	399	382	447

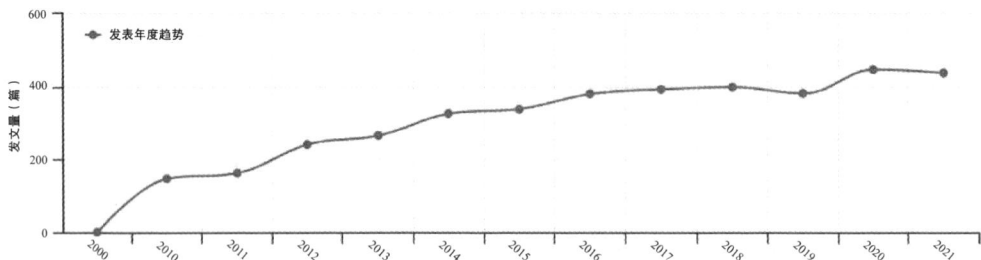

图 1-1-1 关于"教学资源平台"文献数量发表年度趋势

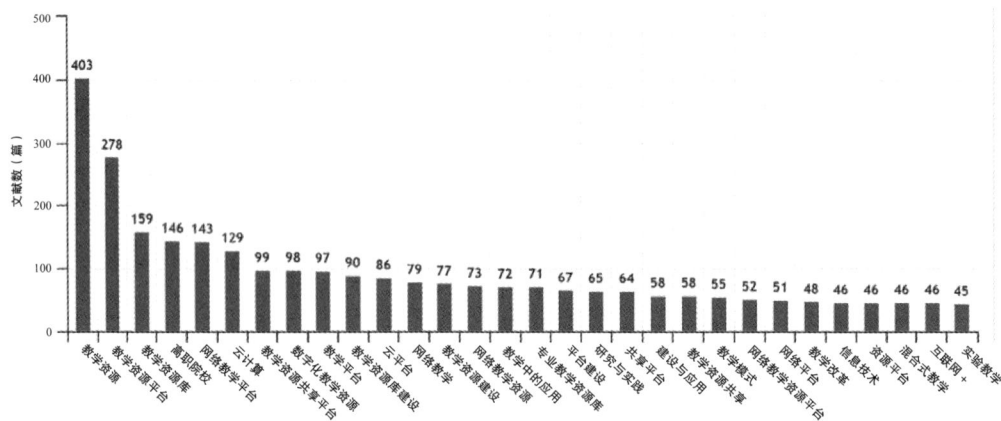

图 1-1-2 关于"教学资源平台"文献主要主题分布

从检索结果可以发现，2010 年至 2015 年，我国学者对于教学资源平台的研究增长速度较快，到了 2015 年后，研究的文献数量也维持在一个很高的数目。研究检索结果，可以发现我国在信息化的背景下对于教学资源平台建设的研究越来越多，与此同时也出现了很多问题，比如教学平台不专业、缺乏科学规范性、不同平台的重复建设等。

经过分析可以看出，我国对于教学资源平台的研究数量虽然十分可观，但是

第三节 短视频教学应用现状

一、新媒体时代的百花齐放

短视频教学从互联网时代起源，不断发展，虽然存在审核监管机制不完善、叙事不完整、内容形式不统一的问题，但短视频创作者具有丰富多样、传播渠道的多元化、内容的碎片化等优势，还是赋予了短视频教学新的发展活力。

《教育信息化十年发展规划（2011—2020年）》指出："建设并不断更新满足各级各类教育需求的优质数字资源，开发深度融入学科的教学资源平台，完善各种资源库。"[1] 2018年4月发布的《教育信息化2.0行动计划》指出："充分利用云计算、大数据、人工智能等新技术，构建全方位、全过程、全天候的支撑体系，助力教育教学的发展。"[2] 2019年，国务院发布《中国教育现代化2035》和《政府工作报告》中都提到"互联网+"在教育信息化中的应用前景。在新政策的指导下，短视频在网络教育教学中将更受重视，短视频教学资源平台的构建需求也愈发迫切。

随着快手、抖音等短视频平台的迅速崛起，之前进行尝试的网络机构和平台更是借着新的东风加速发展。

国家层面上，中共中央宣传部面向社会打造的"学习强国"学习平台在2019年1月1日上线，并在2019年年底入选"2019年中国媒体十大流行语"。该平台的短视频栏目，拥有专业团队，推送的多为身边的人和事，内容简短、制作专业、平台使用流畅，在全国范围得到广泛的传播，"润物细无声"。运用短视频全方位的视觉、听觉特效，让学习者沉浸其中，学习效果甚佳。

各省市的网络培训平台也纷纷推出短视频。上海、安徽等省市重点打造有影响力的微信公众号，无论是粉丝关注数量，还是H5资源制作都形成了独特优势。

---

[1] 中华人民共和国教育部.教育部关于印发《教育信息化十年发展规划（2011—2020年）》的通知[EB/OL].（2012-03-13）[2022-04-10].http://www.moe.gov.cn/srcsite/A16/s3342/201203/t20120313_133322.html.

[2] 中华人民共和国教育部.教育部关于印发《教育信息化2.0行动计划》的通知[EB/OL].（2018-04-18）[2022-04-10].http://www.moe.gov.cn/srcsite/A16/s3342/201804/t20180425_334188.html.

其中运用大数据的思维研究短视频教学资源，并且有机结合教学资源平台开发和人工智能个性化推送的研究不多。在大数据的时代背景下，教学资源和教学资源平台的建设和发展面临新的挑战。

第二节　教学资源平台的理论基础

教学资源平台的理论基础包含如下方面。

一、皮亚杰建构主义理论

建构主义理论是由皮亚杰提出的，这是教学资源平台的首要理论。皮亚杰对于儿童智力的研究十分的深入，而且有着显著的效果。皮亚杰指出，好奇心是儿童天生就有的，儿童是凭借好奇心来探索世界、增加认识的，儿童的好奇心驱使他们试图在脑海中构建他们对环境的认识图式，随着儿童年龄的增长，这种图式影响到其他知识的获取，儿童想要了解世界的渴求使他们构建自身的理论，并对其做出解答。皮亚杰认为，只有在现实情境中进行的教学才是好的教学，要鼓励儿童们进行尝试，让他们亲自操作来寻找问题的答案，让儿童们学会核查某一次实验与另一次完全相同的实验所发现的结果之间的关系，而且要能够发现他人的发现与自己发现的不同。

皮亚杰建构主义理论的思想如下。

首先，其他人包括教师教给儿童的并不是认知，认知是儿童，也就是学习者在一定的环境中，借助他人的帮助，使用相应的学习资源，并且使用意义构建的方式而获得的。

其次，学习环境中的基本要素包括"情境""会话""协作""意义建构"。

最后，作为信息加工主体的学习者，不是被动的知识接收者和灌输对象，而是意义的主动建构者。学习者根据自身已有的知识，认识、学习、内化新知识和新信息，并建构自身的理解，这是学习意义的获得。学习者的认知结构改变的两种方法是同化和顺应。同化指的是将别的信息纳入到自身的认知结构中，以此来丰富和加强自身的思维倾向和行为。顺应指的是获得的新信息与自身的认知结构产生冲突，从而对原有的认知结构进行改变。

在建构主义理论中，教师不是知识的灌输者，而是教学过程的组织者、知识意义建构的促进者；学生不是被动接受知识者，而是知识意义的建构者；教学知识不是教师向学生灌输的内容，而是学生主动建构的对象；媒体不是教师灌输知识的方法，而是学生主动建构、主动学习的认知工具。

经过分析可以得出，建构主义强调以学生为中心，把"情境""意义建构"等作为学习环境中的几大要素。强调学习环境中的情境必须有助于学生意义建构，让学生进入真实的教学情境。在教学情境中，学习者进行自主学习、合作交流来分析信息和资料，来对最初的假设进行验证，并且持续性地探究问题、解决问题，可以发现相应的规律，并且评价学习成果及意义。

传统的学习者的认知建构一般来源于教材等印刷型文献，学习者需要根据文字来构建情景，还可以通过合作和会话等形式感受文字所代表的情景，然后再形成传统的学习意义建构。这种学习者的自主学习建构过程不像融合短视频教学资源之后具有选择性，其传达信息的途径很少，如图 1-2-1 所示。

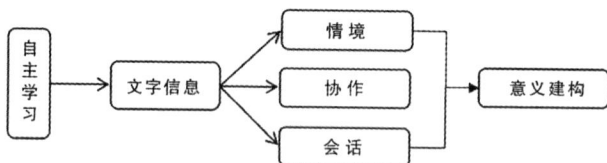

图 1-2-1　传统自主学习建构过程

在学习者认知建构中融入现代技术，如信息技术、短视频等，可以使学习者更加深入、直观、生动地感受所学的知识，不仅便于激发学生的学习能动性，又可以使学生更好地进行知识的建构。教师在教学中对于短视频教学资源平台的应用，可以构建多样化的教学情境，引导学生进行独立思考，更好地实现知识的建构，如图 1-2-2 所示。

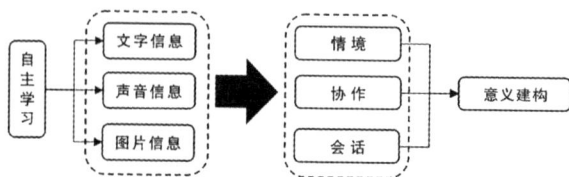

图 1-2-2　与短视频教学资源结合的学习过程

二、布鲁纳的发现学习理论

除了皮亚杰外，布鲁纳（Bruner）对于儿童认知的研究也十分重要。作为当代著名的教育家和心理学家，布鲁纳在儿童认知发展和认知学习方面认为，学习并不是去掌握已有的答案，而是要掌握学科的基本结构，倡导知识的发现学习。布鲁纳认为，发现不应只限于尚未发现的事物，学生更要去独立思考，发现并掌握学科的结构、规律和结论。作为一种积极的认知过程，布鲁纳认为学生不能停止思考，只有这样，才能够理解并掌握知识。

布鲁纳建构"发现学习"学习理论的目的是改革中小学教育。"发现学习"不但是一种学习方法，而且也是一种教学方法。对于学生来说，发现学习可以帮助学生更好地理解学科结构，使学生自发、积极地投入到学习中，真正的学习来自个人发现。在发现学习中，其教育目标不同于传统学习只需要积累知识，还需要创造学生发现、发明的条件。归纳推理和探究过程在发现学习中是较为重要的科学研究方法。

"脚手架"思想是由布鲁纳在 20 世纪 70 年代提出的，该思想参考了建筑行业的相关术语，指的是学生在学习中需要教师或其他人的帮助来完成相应的学习任务，这种"脚手架"会在学生能够独立完成任务后撤去。布鲁纳指出，学生的社交有助于推进他们的语言和问题解决行为的发展，同时学生之间的合作有助于认知的发展。

经过分析可以知道，发现学习与基于工作过程的学习具有很强的联系。他们都主张学生自身建构相应的知识结构、注重应用归纳推理，同时他们都强调教师要提出问题，使学生进行思考并解决，不能将知识直接灌输给学生。发现学习与基于工作过程的学习也不是完全相同的，例如，发现学习会从学科的相关问题出发，教师在课堂中指导学生的探究，基于工作过程的学习则是从真实工作中的问题出发，学生对感兴趣的问题进行探究。

教学资源平台的应用，可以使学生合理利用短视频，在课外自行浏览、发现自己想拓展的、需强化的、应补充巩固的知识点，将自身的知识结构一点一点填充完善，真正构建起来。教师可以对学生进行指导，推荐他们与课程相关的短视频，只需短短两三分钟时间，学生就能轻松愉悦地获得知识，并从中感受到学习的乐趣，在与同学、老师的互动交流中独立思考、碰撞思维，实现更大提升。

三、联通主义学习理论

联通主义学习理论是由乔治·西蒙斯（George Simmons）提出的，该理论是在当代社会、经济、科技飞速发展的背景下所产生的。一部分研究人员认为在网络的基础上，联通主义学习理论比建构主义更加适用，因为其从前所未有的角度，对在复杂、信息大爆炸的今天出现的问题做出了解释。联通主义学习理论很好地解释了在知识碎片化、时空离散、去中心化等特征下的网络学习。

当今社会网络的发展使在线学习逐渐兴起，网络学习的过程也在不断地进行变革，同时学习理论也需要与时俱进。描述人的学习和深层次构建过程可以采用皮亚杰的建构主义理论，而联通主义学习理论则对于知识更新迅速地去中心化网络背景下的知识传递预筛选过程更加有效。

在信息传递中，怎样建立交互中的知识网络是联通主义的重要观点。本书将知识的传递和知识的建构分开来讨论，二者在网络学习中都是十分重要的。希金斯（Higgins）认为，在激发青少年潜能方面，联通主义可以帮助学习者更加积极地参与其中，同时还有助于学生学会如何学习。梅耶斯（Mayes）认为，在梳理终身学习所需能力时可以很好地促进学习者与社会的对接。

情境的改变对个体建构在建构主义中的影响有着良好的解释，现如今的知识传递速度越来越快、人们的网络行为增多，导致知识网络也更加的复杂，所以理解其中的信息流及资源配比会影响到智慧学习及支撑空间设计。在信息、知识的传递与联通等网络进程方面，联通主义有着深入的解释，在"学习资源结构性调整""资源呈现、传递与吸收""空间模块关联性设计""学生网络环境下的信息加工"等方面起着指导作用。

在某些角度看来，建构主义与联通主义可以说是互补的，"管道要比管道里的内容更重要"是相对于内容来说，不会对获取知识后的建构过程产生影响。与建构主义相同的是，联通主义也主张"学习能力比掌握知识更重要""学习存在多样与连接性""不断完善自己的内外网络"等观点。在终身学习方面，联通主义有着相当大的贡献。在短视频教学资源平台方面，联通主义可以为其交流合作提供相应的理论支持。

四、人本主义学习理论

罗杰斯（Rogers）和马斯洛（Maslow）在 20 世纪 50 年代创立了人本主义心理学。人本主义心理学认为在相应的条件下，人们的学习相关的潜能都可以发挥出来，所有人都具有学习的潜能。人本主义学习理论指出，学习时自我的发展，是人格的发展，也是个人潜能的发挥。意义学习是学习的实质，意义学习的特征为积极参与，是一种自发的、从自我实现的倾向中而产生的一种学习。意义学习中有着理解和记忆，同时它还包括价值、情绪的色彩。从字面上看，人本主义即要以人为中心，在学习中重心为学习者。人本主义学习理论偏重于人格的完满和学习者主体性的发挥等方面，罗杰斯在这些领域的研究有着重要的意义。

学生自主、自由学习是人本主义学习理论的核心。所有教学都是为了使学习者学习进步，使其完成自我实现。作为学习的主体，学习者完成学习的有效策略包含：提供学习资源、构建真实的问题情境、分组学习以及同伴教学等方面。

人本主义学习理论主张以学生为中心的非指导性教学，强调学习过程和师生关系。人本主义学习理论指出，教师不是权威，而是帮助学生学习的"催化剂"，此外，教师还要相信学生的潜能。在人本主义中，学生是学习的中心，那么如何使其认识到这一点呢？首先学生要清楚"我是谁"，在这方面，教师可以帮助学生进行自我认识，可以通过动作、与别人的关系和内在的自我等方面来进行。教师在人本主义学习理论中，不只是一个知识的灌输者，而应该是学生学习的促进者。人本主义要求在学生经历的基础上进行问题的设计，这样才能因材施教，使教学事半功倍。重学习的情感因素是人本主义学习理论的特点，其思想的影响对建构主义也相当大，并且以工作过程为导向的教学模式提供了理论支持。

在对短视频教学资源平台的利用上，学生是短视频的观看者，是教学资源的学习者，居于主体地位；而平台上的短视频，也都应针对学生学习特点、学习需求开展设计与制作，这样才能真正实现对学生的关注与支持，帮助学生实现自我提升与发展。

五、泛在学习理论

泛在学习指的是学习可以不分场地地进行。在泛在学习理论中，学生可以使用泛在技术，根据自身情况自由地进行学习。

（1）泛在学习的定义

普世学习、无缝学习是泛在学习的几种叫法之一，目前学界对于泛在学习还未有统一的概念。在美国，研究人员指出，泛在学习的关键是要在学生学习中使用计算机技术创设一定的情景，用终端设备接入互联网进行随心所欲的学习，而不是只凭借书本和电脑学习。国内比较有代表性的理论是刘婷等人提出的，泛在学习是指利用各种信息技术手段，让学生可以随时随地利用可用的终端设备来开展学习活动的 3A（Anywhere、Anytime、Anydevice）学习[①]。

综上所述，泛在学习指的是所有人都可以在泛在学习环境下运用可以接入互联网的终端设备进行不受时间、空间限制的个性化学习、提升学习效果的学习方式。

泛在学习环境与传统的学习环境相比，其最显著的特点是在生活中融入通信、网络、学习终端设备，使学习者在生活中自然地进行学习。泛在学习相对于传统的学习的特点有交互性和嵌入性，可以促进学习者主动学习，并使其掌握碎片式学习方法。

（2）泛在学习的主要特征

对于泛在学习来说，多数情况下，泛在指的是学习已经悄无声息地融入我们生活中，学习者很难察觉。泛在学习的特点如下。

①学习环境的情境性

在泛在学习的日常过程中，学生基本上感觉不到学习环境，泛在学习环境无处不在。而在这种环境下学生会自然而然地进行学习的过程，没有特殊到可以让学习者察觉的变化。

②个性化

个性化是泛在学习的又一大特点，泛在学习可以说是形式独特的个性化学习，学习者可以基于自身的学习情况进行学习。个性化的学习可以培养和锻炼学习者的思维、能力和个性。个性化学习包括确定目标和确定学习内容、地点、实践、方式，以及跟踪学习进度等。

③交互性

学习过程中存在着学生间交互和师生间的交互，泛在学习中的交互指的是通

---

① 刘婷，丘丰.论未来终身教育新模式：泛在学习 [J].成人高教学刊，2007（04）：29–31.

过网络终端而进行的一些交流和合作。在泛在学习中，师生、生生可以通过互联网来交流所获得的经验，从而提升学习效果。

④自适应性

作为个性化学习的特征，自适应性同时也是泛在学习的特征。在泛在学习中，学习者需要基于自身的学习水平对学习任务、进程进行相应的调节，从而进行学习。学习者只有结合自身具体情况制定相应的学习目标和计划，才能够在泛在学习中高效地学习。

（3）基于资源的泛在学习模式

学习资源对于泛在学习十分重要，海量的学习资源是基于资源的泛在学习模式的基础。具体的学习过程如图 1-2-3 所示。

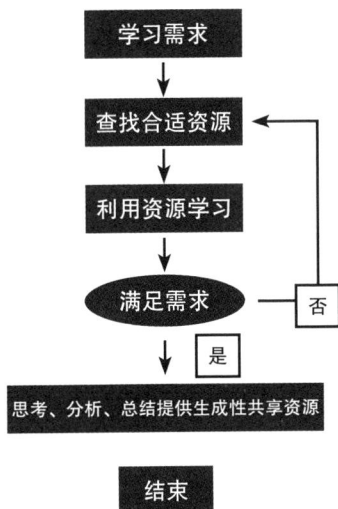

图 1-2-3 基于资源的泛在学习模式学习过程

通过分析可知，只有拥有满足泛在学习要求的学习资源，才能取得更好的学习效果。获取学习资源的有效形式之一就是教学资源平台。所以教学资源平台不但要有丰富的学习资源，还需要具有个性化的推送功能，向学习者提供个性化的定制服务。

六、微学习理论

微学习理论是由林德纳（Lindner）提出的："微学习（Microlearning）是一种

基于新媒体生态系统中存在的微观内容和微媒体的新型学习方式"[1]，微学习国际会议从 2005 年在因斯布鲁克大学举办第一届后，微学习理论便有了长足的发展。当前教学中已经广泛应用了微学习这种智慧教育体系常见的学习形式。

作为一种融合微媒体和微内容的学习形式，微学习展现的不仅有学习方式的便捷性，还有学习内容的精简性和学习心态的积极性。微学习可以将知识点细分为相关联的松散的学习单元，其内容与形式可以为文本、声音、图像、视频等形式，其核心在于微媒体、微内容、微活动。微媒体指的是使用便携式智能设备进行学习，如手机、平板电脑等；微内容指的是互相关联的、松散的、动态的学习单元；微活动指的是微学习可以用较短的时间进行学习，这个时间可以是几十秒，也可以是几分钟。

一般来说，学习包括正式学习和非正式学习。我们通常将在学校课堂上的学习称为正式学习，其关键是教师指导学生进行学习。而非正式学习则指的是课堂之外的学习。学生在课堂上的学习时间有限，而在课堂以外的时间比课堂时间更加充分，所以利用好非正式学习可以使学习效果变得更好，而微学习是充分利用非正式学习时间的有效方式。非正式学习不在课堂上，相应的也就少了一些约束，学生可以因地制宜，考虑自身的学习情况、学习兴趣来进行学习。作为学习的主体，学习者在微学习中要充分发挥自身的主观能动性，自觉地调动内驱力，从而获得事半功倍的学习效果。微学习有着学习灵活、时间短、规模小等特点，打破了传统教学的一些局限。作为数字学习模式，微学习可以有效提升学生的自主学习能力。

新媒体是微学习展开实施的关键。在软件上，微学习可以利用文档、网页、软件各种移动端 APP 进行学习；在硬件上，微学习不仅可以使用电脑，还可以利用手机等便携设备。对于微学习来说，新媒体的飞速发展为其提供了良好的条件。

基于学习设计者的角度出发，微学习的设计需要相应的理论作为指导；基于学习者的角度出发，微学习能力的提升也需要相应的理论作为基础。微学习的理论基础十分多样，如建构主义学习观、非正式学习理论、分布式认知理论、情境认知理论、联通主义学习观等都是微学习的理论依据。

[1] Hug T., Lindner M., Bruck. P.A.Microlearning: Emerging concepts, practices and technologies after e—learning.Proceedings of Microlcarning 2005[C]. Austria, Innsbruck: Innsbruck University Press，2005.

微学习理论对于教学资源平台的发展起着很重要的作用。微学习理论主张用较短的时间进行学习，所以教学资源平台上的视频时长也不长，这样可以使学生充分利用碎片化的时间进行学习，而且视频具有暂停、快进、慢放等功能，可以使学生进行针对性的有效学习，强化对于重难点的学习。

七、认知负荷理论

认知负荷理论是由约翰·思威勒（John Sweller）在20世纪80年代基于认知资源配置的角度而提出的。他在认知资源理论、建构主义理论、工作记忆理论和注意理论的基础上提出了在学习过程中，学习者的认知负荷是怎样产生的，还有怎样对教学设计进行优化，以完成对认知负荷的有效控制。认知负荷理论在后世的教学中有着大量的应用。

图式理论和资源有限理论是认知负荷理论的基础。图式理论指的是人们存储知识的方式是以图示形式，学习者在学习新知识时，可以根据已有的图式进行调节和处理，来降低对于新知识的认知负荷。资源有限理论指出，人类的认知资源是有限的，假如加工新知识、新信息需要的认知资源比个体的认知资源多，那么学习者就会产生认知负载。

在认知负荷理论中，在长时记忆中存储信息是教学的主要功能。为了降低短时记忆的负荷，可以采取图式来构建所学内容，知识可以以图式的形式储存于长时记忆中。因此，学习者在学习过程中的知识不能过于复杂或者其内容不能太多，不然会使学习者的认知负荷增加，从而对学习效果产生不良的影响。

我们可以将认知负荷分为三种，分别为外部认知负荷、内部认知负荷和关联认知负荷。在学习中，多余繁杂的信息会造成外部认知负荷；内部认知负荷的增加主要是因为学习内容难度太大；关联认知负荷增加的主要原因是教学中存在一些内容与所学知识无关，学生会浪费不必要的精力。

短视频教学资源平台的构建，可以使学习者在关键学习材料的处理上投入更多的认知资源，在一定程度上可以有效地减轻学习、加工和提取所需的认知负荷。

八、结合短视频的自主学习理论

科技的进步、网络的发展使自主学习模式越来越多样化。当前的学习模式有着以网络为基础的设施、信息技术学习手段和电子设备，这些为目前的学习模式提供了强力的帮助，会逐步替代传统的学习模式，而自主学习也会成为未来学习的方式之一，所以，对于短视频教学资源的设计与应用需要有更高的标准和更严格的要求。

在建设教学资源平台时，需要将学习者的学习期望放在重要的位置，学习者都希望可以进行轻松愉快的学习，所以要为他们建设良好的学习环境，使学生可以轻松、愉悦地掌握所学知识。

作为自主学习的发起者，学习者要综合利用短视频教学资源：学习者首先需要确立好学习的目标；其次制定相应的学习策略；然后选择合适的学习方法；选择好学习方法后，去教学资源平台选择相应的视频资源，这时可以选择继续播放短视频或者关闭短视频，继续播放短视频的话，那么学习者要按照知识导入、知识讲解、练习巩固的步骤进行学习；在教学资源平台上观看完短视频后，学生会取得相应的学习效果，到这里自主学习模式还不能结束，学习者需要对自身的学习过程与学习效果进行反思，从而来获取相应的经验；根据反思经验，学习者可以适当地调整学习目标、策略、方法等，来达成一个良好的学习效果，如图 1-2-4所示。

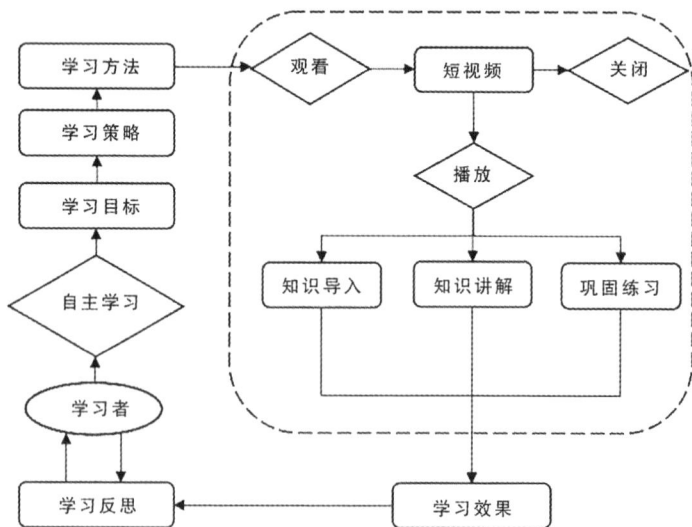

图 1-2-4　结合短视频教学资源的自主学习模式

浙江、江苏等省份特别注重精品教学资源建设。江苏省制作的《我的故事》系列短视频受到群众好评。云南省委打造的"云岭先锋"APP，融党务、政务、服务为一体，供学员学习相关知识，是包含短视频、微书苑、微测试、知识竞赛多位一体的微平台。山东省委门户网站在2019年开设《灯塔微视》新栏目，集中展播优秀教育电视片、短视频，内容丰富、题材多样，用户可以自主学习打卡、点赞分享。

北京党员教育平台由中共北京市委组织部主管，也跟随新媒体时代发展而创新，现已形成集电脑、智能TV、移动终端为一体的全媒体教学服务平台。团队选取已有的长视频制作便于移动端转发和分享的H5动画课件，包括《论价值观》《论担当》《论规矩》等内容，相对传统的文字和图片形式更加新颖，抽象的课程内容以生动的形式呈现，同时，用户可以参与互动，重要信息在移动端的传播率、曝光率不断提升，用户活跃度、黏性增强。平台抖音号2019年6月6日发布第一条短视频，一年里已发布短视频364部，主要为《初心使命》《我们一同走过》《难忘初心》《观摩交流活动》等系列短视频，其中，《入殓师魏宗武》短视频播放量达1013.1万次。截至2019年12月底，平台注册用户数123.27万人，微信公众号关注用户数45.6万人，已成为北京市基层学员网上学习、互动交流的重要渠道。

综上，不同题材教学短视频发展迅速，短视频教学资源平台也初具雏形，具体表现为以下两方面。

（一）短视频内容形式多样化

在新媒体时代，每天新闻都层出不穷，学生的注意力转瞬即逝。教学短视频为抓住学生眼球，内容、形式也在不断创新。教学短视频从纪录片、专题片逐渐向音乐片段、创意剪辑、街头采访、随手拍、情景短剧、动画、快闪等多种形式转变。形式上也注意运用不同影视手段提升题材的吸引力和感染力，音效、滤镜、大字幕等各种花样轮番上场，悬疑、对比、欲扬先抑等各类叙事方式不断变换。内容上除了理论学习，也包括了时事热点、国家大事以及身边的榜样、小人小事，兼具深度与广度、大场面与接地气。

（二）教学资源平台立体化

2019年4月，中国短视频APP日均使用时长从2017年的不到1亿小时增长到了6亿小时，短视频发布平台发展迅猛。在互联网加大监管力度的同时，传播平台也从电视、网页平台向融媒体、全媒体发展，抖音、快手类短视频平台，微博、今日头条等多种移动应用程序上都能看到。学生在平台可以进行实时评论、转发。评论会及时呈现，互动反馈良好，能实现跨平台、多平台一键转发，立体化的传播平台鼓舞了人们的参与热情，也让学生有了更好的学习体验。

不过，我们也要认识到，虽然短视频教学资源受到国家部委、各省市机构、基层乃至主流媒体的欢迎，迎来了百花齐放的时代，但在当下应用时，仍存在难关困境。

二、发展所面临的难关困境

（一）短视频制作技能缺失

短视频制作属于新兴的自媒体行业，制作者需要掌握多种计算机多媒体知识和相关工具软件的使用，如视频录制、视频剪辑、字幕生成等，这些只是制作短视频最基础的需求，若考虑到用户体验，则需要更多的专业知识。即便是计算机专业的教师，若不从事该方向的研究，制作起短视频教学资源也会比较吃力。非专业计算机教师在进行短视频资源制作时更会困难重重，若无专业的教师进行辅导，基于短视频的教学资源库的建设则无从谈起。

（二）教学资源的建设主体单一

在进行教学资源平台建设时，学校自有的专业教师理所当然被当作主力军。但仅仅依靠自有教师进行短视频教学资源建设，存在如下弊端：

（1）制作教学短视频非常耗时，教师日常的教学和科研等工作已经比较繁重，难以保证教学短视频的质量。

（2）教师在对短视频教学资源进行设计时，更多的是从教师自身对知识点理解的角度出发，而不能最真实地了解学生的关注点。此外，难免出现教师为图方便，将传统课堂教学内容和讲授的方式进行照搬的情况，而学生一方面渴望接触更丰富的教学内容，另一方面希望接触不同的授课风格，一旦二者之间难以匹配，势必会影响学生学习积极性与主动性，达不到短视频教学的目的。

（三）教学资源的内容良莠不齐

很多教师都有这样的烦恼，那就是虽然短视频教学资源平台有着大量的教学资源，然而想要从中寻找到优秀的、适合自身教学需求的资源，有时宛如"大海捞针"。良莠不齐的教学资源，也会使得学生在自学时面临困境，一旦所学的是粗糙的甚至有错漏的教学资源，那么不仅无法取得良好的学习成效，反而会陷入学习误区。

（四）教学资源平台的构建有待完善

1. 专业性教学资源平台亟待构建

尽管如前文所述，许多短视频资源平台如雨后春笋般涌现，然而其中很多只是将短视频教学资源作为自身平台的一部分内容，专业性、系统性、针对性不足，难以全方位满足各专业领域学生的不同学习需求。当前，我们需要建立一个专门承载精品短视频教学资源的平台，并将其应用于具体教学之中，使其作用得到充分发挥。

2. 教学资源平台使用性能亟待提升

教学资源平台构建的根本目的是便于学生、教师的学习使用，因而在构建时必须着力优化用户体验，使其更加便于使用。然而当前教学资源平台距此仍有一定差距，检索的不便、推送的无序以及模块结构的混乱等，都令使用者由体验不佳。例如，学生想要搜索和 A 领域有关的内容，可出现的短视频资源却和 A 领域相关度不大，此时学生就很难实现精准学习；再如，学生在 B 领域存在薄弱环节，平时学习的也都是 B 领域有关内容，可教学资源平台却总是推送 C 领域知识资源，这就让学生在浏览时很难被激起学习热情。

3. 教学资源平台的管理亟待强化

教学资源平台需要维护和管理，平台的管理需要大量的人力和物力，这就要求学校增强意识、投入资金、制订制度，进行相应的平台管理和系统维护，从而发挥平台应有的效益。而且，教学资源平台有着很强的动态交互性，要让其持续地运作下去，就要定期更新网站资源，及时发布课程、教学信息。但当前人们仍缺乏维护与管理意识，往往认为将教学资源平台搭建起来便"万事大吉"，使得平台在实际应用中存在许多问题，使得短视频教学资源出现滞后情况。

（五）重建设、轻应用趋势凸显

构建短视频教学平台，归根结底是为了应用。现如今，很多教师、学生只知道有短视频教学资源，却不知道如何对其高效应用。部分教师只会指定几个短视频让学生课后观看，至于观看之后，最多布置一些作业，学生上交就算结束，这样简单的利用，无法将短视频教学资源平台的功效发挥到最大。因而，教师需要与时俱进，创新各种教学模式，对短视频教学平台进行充分利用，实现教学成效的提升。

第二章　短视频教学资源设计

本章为短视频教学资源设计，旨在帮助教师更好地设计短视频教学资源，既能提升其短视频资源制作能力，也为短视频教学资源平台注入更多优秀力量。主要包括短视频教学资源设计原则、短视频教学资源设计要素、短视频教学资源设计流程以及短视频教学资源设计存在问题及建议。

第一节　短视频教学资源设计原则

只有优质的教学资源才能够使教学质量得到保障，同样的，短视频同样需要优质的教学资源才能够提升教学质量。本节主要介绍教学短视频的设计原则。

一、小步子原则

根据程序教学理论，学生可以通过一系列详细的步子序列的设计学会复杂的行为活动，通常情况下，这个序列会比较长，而步子则比较小，使学生不至于解决不了问题；学生开了一个好头，第一个步子被解决后，才能进行第二步、第三步……所以，小步子原则是要将教学内容分解为多个环节，而且各环节之间难度、跨度不能太大，防止学生学习中容易产生挫败感，学习者可以基于较低的学习起点不断进步，获得良好的自信心。对于学生来说，从行为主义观点出发，每个步子的成功都是一次强化，这样可以使学生逐渐地接近期望行为，从而保持学习的良好状态。

所以，短视频在制作时首要遵循的应是小步子原则，即在短视频中将知识点细化，不同的短视频要解决不同的知识点，而且短视频内的知识点不能太多，一个就行，在一个短视频内将知识向学习者讲解清楚，使其可以将知识内化。

二、即时反馈原则

传统的教学都是学生在学习之后，教师隔一段时间才能根据学生的学习效果来进行反馈与纠正。而现代教学提倡的及时反馈则是在学生学习知识结束之后，快速地对其进行反馈与矫正，二者相比，及时反馈对于学生学习的帮助要大得多。

及时反馈可以帮助学生在学习后立即获得答案，不但可以帮助其纠正错误，还可以帮助树立自信心。所以，在短视频教学中，教师不但要实时关注学生的学习情况，使学生完成配套练习，从而更好地反馈与纠正，而且要根据反馈情况进行下一阶段短视频的设计，从而实现学习的循序渐进、补充巩固，对于保障学习效果有重要价值。

三、自定步调原则

自定步调原则可以使学生根据自身不同的情况进行学习。在短视频教学中，不同的学生可以自定学习步调，如学习基础差的学生可以将重点、难点短视频重复观看，还可以观看与其相关的视频来巩固自身知识；学有余力的学生可以将学习进度提前，或者在原有知识的基础上观看更加深入的短视频内容。不同程度的学生都可以利用短视频来达成学习的目的。

学生在短视频及自学中的自定步调也为短视频的设计提出了更高的要求和标准：

（1）短视频设计者在设计短视频时需要采取多样的方式，对于理解能力不同的学生，需要将相同的内容设计成多样化的视频，让学生可以根据自身情况进行学习。

（2）短视频设计者需要为学生们提供多种短视频资源，来提升学生的学习效果。

四、留有余地原则

在教学中，一味地向学生灌输知识是不可取的，学生们在课堂上没有思考的时间和空间，不利于知识的内化吸收，短视频教学也是如此。一些教师在运用短视频进行教学时，先讲解知识、再讲解运用和思维发展等，这些内容会使学生没有时间进行独立思考，会影响到学生思维的发展，所以，要给学生思维空间留有余地，同时，还要为学生在课堂讨论上留有余地，对于教师自身而言，要给自己在课堂翻转上留有余地。

五、关注整体原则

关注整体原则指的是短视频教学在要求学生掌握知识的同时，也需要对可能影响到学生身心发展的因素进行关注。教师在短视频教学中容易出现的误区之一就是只关注学生知识是否掌握，对于其他漠不关心。学生在短视频教学中可以学到很多知识，所以，短视频设计者还需要从整体的角度来审视短视频，从而对其进行完善。

六、持续改进的原则

短视频的一大特征是可以随时进行修改。教材与短视频在改进的时间上有很大的区别，教材一旦确定后，在相当长的时间后才能进行修改，而短视频则不同，短视频设计者可以根据要求对短视频进行相应的修改，同时还可以总结其中的经验。对于短视频中的不足，设计者可以进行修改来提高质量，同时也可以参考其他设计者制作的短视频。短视频可以持续改进来满足学生的要求，为学生和教师提供更好的服务。

七、通俗性原则

短视频教学资源设计要具有通俗性原则。短视频的一大特点就是知识的浓缩，其时长很短，往往只有两分钟，如果所承载的知识晦涩难懂，那么学生看完之后只会一头雾水，完全无法起到学习效果。因而教师在进行短视频教学资源设计时，需要将"晦涩难懂"的知识通过短视频的形式转换为"通俗易懂"的知识，同时需要将隐性知识转化为显性知识，可以使学生以短视频的形式接收生动、形象的知识。

通俗性原则还需要短视频设计者、教师要了解学生的审美、爱好和视频浏览的喜好，从而在制作视频时使视频的内容和形式等易于被学生接受。使用学生的交流方式、语言形式进行相应的教学，不但可以改善传统的师生关系，也可以使学生沉浸到学习中去。

八、冲击性原则

"黄金 7 秒"指的是广告能否抓住人心，要看其在前七秒的表现，这在短视频中同样适用。在短视频资源设计中，设计者需要在短短的时间内展现"一本书的目录"而非"一本书的全部内容"，其内容无法对一个知识点进行深入的分析。

听觉、视觉刺激可以有效地提升学生的注意力和关注度。在短视频教学中，冲击性原则指的是设计短视频时，内容要紧凑，声音与画面需要富有感染力，合理分配视频的时间，使学生可以在短时间内掌握相关的知识。

九、科学性原则

科学性原则不仅是短视频设计的原则，同样也是教学的原则之一。在设计短视频时，需要在符合教学目标的基础上，科学地处理和分析应用到的知识点。除了内容的科学性之外，短视频呈现形式的科学性也十分重要，因为可以引起学生的学习兴趣，使学生投入到短视频教学中。

十、交互性原则

教学活动是师生之间的交互活动，教师教、学生学。通常情况下，交互在教学中占比很大，而一些教师为了教学进度而忽略教学互动，使学生不能够提起学习兴趣，教师也不够了解学生的学习程度。短视频教学的应用可以改善这些问题。

在短视频教学中，交互性比传统教学更强。教师需要在短视频教学之间设计思考或讨论来与学生进行交流，这样可以提升学生的学习效果。

第二节　短视频教学资源设计要素

在教育界，短视频教学已经成为研究的热点，也被教师和教学工作者应用到实践教学中，取得了一定的效果。微型学习是继 E-Learning、M-Learning 后的又一数字化学习方式。短视频作为微型学习的方式之一，可以将教学中的隐性知识展现给学生。

学生可以通过短视频来提升兴趣，从而保持良好的学习心态完成学习任务。

学生可以利用智能设备，从而不受时间空间的限制转移进行微型学习。短视频资源设计者需要为学生们设计质量上佳的资源，短视频资源不仅要具有多样性，更要符合时代要求，具有创新性。

短视频的"短"要体现在视频资源的教学内容和指数体系的设计中，使学生可以在零碎的时间进行学习。短视频教学资源的针对性使设计者需要控制好展示的方式与内容，使在线学习成为非正式学习的有效途径，从而发挥自身的效力。短视频教学资源平台的管理者需要对短视频资源进行严格的审核，对其内容质量进行把控。

良好的教学设计对于短视频教学资源开发有很大的作用。这里将从短视频内容设计、短视频多媒体设计、短视频展现形式设计来讨论短视频教学资源设计要素，使短视频满足师生教学活动的要求。

一、短视频内容设计

（一）总体设计要点

1. 教育学习内容的选择

在内容上，系统化覆盖不是短视频应该考虑的，应该选择鲜明的主题，依据小步子原则，在每一短视频中选择短小、精炼的知识点。不同的短视频分别承担不同的任务与教学内容，将短视频的知识点与相邻的知识点松散组合，从而组成一系列的微课程，这样可以使教学内容保持原有的完整性，使学习者能够在一定的时间内吸收知识、内化知识。

此外，教师还可以重点关注、制作具有某种情境性特点和针对实用性需求的短视频资源。例如，制作有关十九大会议精神的短视频，或是制作为新冠肺炎提供防疫知识的短视频等。

2. 教育学习内容的督导

学生在短视频教学资源平台上利用短视频进行学习，无论是使用电脑还是手机等设备，都可能会受到外界的一些影响，同时学生在进行在线学习的过程中难免会产生一些随意心理，这些都是学生参与度不高的原因。因此，可以将督导环节加入短视频设计的过程，如使用警示的声音与色彩鲜艳的画面吸引学生的注意力，使学生重新回归到教学中。微学习中，做到张弛有度和层次分明的结合。

3. 教育学习内容的分类

教学短视频资源目前的数量已经十分可观，所以可以对其进行分类便于学生进行检索，如按学科分类，可分为政治建设、经济建设、文化建设、政策法规、典型经验、实用技术，等等；或针对不同学习需求而设置课程。例如，2020年全国两会、党旗飘扬、共同战"疫"等不同的学习专题。

建立不同学习类型体系，也有助于短视频资源平台的进一步规划发展，方便学生快速搜索到相关内容，可以有效节省时间，提高学习效率。

（二）具体设计要点

对于短视频教学资源的设计需要按照学生的学习规律和认知规律进行，让短视频在教学中遵循一定的教学信息顺序和结构。通常情况下，合理的结构设计能够使学生快速融入短视频中；而不合理的结构设计会使学生找不到学习节奏，不知所措，不能理解视频中的知识点，从而丧失短视频教学资源的优势。

知识类型是短视频内容结构设计的依据，通常来说，知识类型可以分为五类，分别为事实类、概念类、技能类、原理类和问题类，知识类型的不同会使其结构设计也有所不同。

（1）事实类知识主要是为了使学习者透过现象看到事物的本质。

（2）概念类知识主要是为了让学习者根据举例说明了解概念的内涵，从而便于更好地应用。

（3）技能类知识的目的是使学习者掌握技能，通过练习与巩固，熟练地应用技能。

（4）原理类知识的目的是使学习者学会原理，从而学会举一反三。

（5）问题类知识的目的是使学习者学会分析问题、解决问题。

在设计短视频教学结构前，需要先明确不同知识类型的概念，然后才能对其进行合理的结构设计。短视频结构设计是后续设计的基础和导向，做好了结构设计，才可以更好地进行后续的内容设计。

1. 事实类知识内容结构设计

事实类知识主要是通过现象的学习来使学习者认识某一事物的本质。所以，事实类知识内容结构设计为"片头—主题—导入—陈述事实—揭示本质—巩固测试—总结扩展—片尾"。这个过程中对事实本质的认识最为重要，巩固测试与总结扩展都是为了强化学习者对于事实类知识的理解。事实类知识内容结构设计如图 2-2-1 所示。

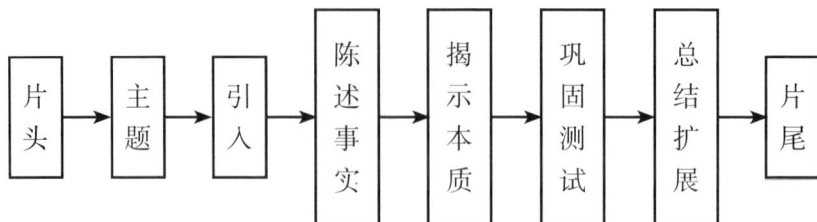

片头 → 主题 → 引入 → 陈述事实 → 揭示本质 → 巩固测试 → 总结扩展 → 片尾

图 2-2-1　事实类知识短视频内容的结构设计

2. 概念类知识内容结构设计

对于学习者来说，概念类知识需要先理解知识的内涵，然后领悟其中的道理，再在实践中运用概念知识。概念类知识内容结构设计为"片头—主题—导入—概念陈述—举例说明—巩固测验—总结强调—片尾"。这个过程中加强对概念的理解十分重要，举例说明的目的是更为深刻地理解概念，总结强调的目的是从整体上认识概念。概念类知识内容结构设计如图 2-2-2 所示。

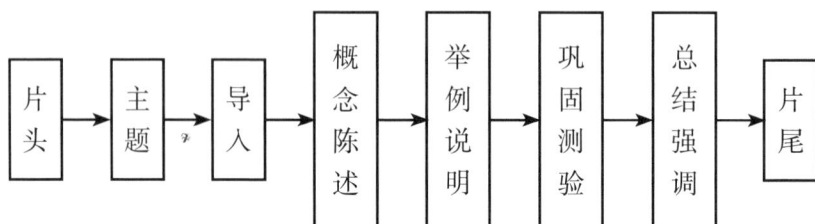

片头 → 主题 → 导入 → 概念陈述 → 举例说明 → 巩固测验 → 总结强调 → 片尾

图 2-2-2　概念类知识短视频内容的结构设计

3. 技能类知识内容结构设计

对于学习者来说，技能类知识重在使学生掌握一定的技能。技能类知识内容结构设计为"片头—主题—导入—技能陈述—应用举例—巩固测验—应用归纳—片尾"。这个过程中技能陈述和应用举例后对于技能的应用是重难点。巩固测验的目的是熟悉技能，应用归纳是明晰技能的使用范畴。技能类知识内容结构设计如图 2-2-3 所示。

片头 → 主题 → 导入 → 技能陈述 → 应用举例 → 巩固测验 → 应用归纳 → 片尾

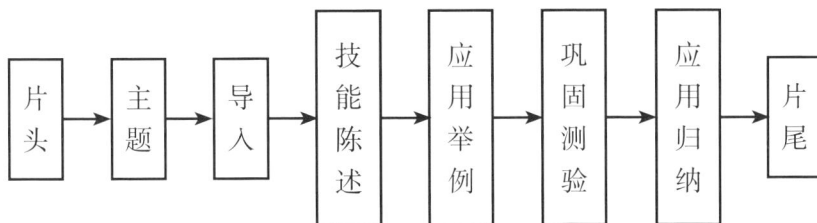

图 2-2-3　技能类知识短视频内容的结构设计

4. 原理类知识内容结构设计

对于学习者来说，原理类知识重在使学生理解案例、掌握原理，并且在实践中运用原理。这一类知识相较于其他类知识而言是比较困难的，因为原理类知识需要学习者善于思考和领悟。原理类知识内容结构设计为"片头—主题—导入—原理陈述—举例验证—巩固测验—归纳总结—片尾"。这个过程中理解原理是重点，正确地理解原理可以使学生在后面的过程中解决问题更加熟练。其中的举例验证可以使学生将抽象转化为具体，可以更好地理论联系实际。原理类知识内容结构设计如图 2-2-4 所示。

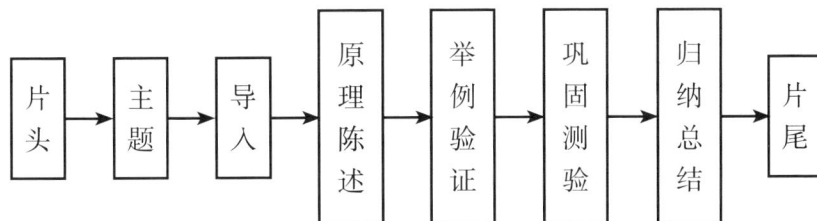

片头 → 主题 → 导入 → 原理陈述 → 举例验证 → 巩固测验 → 归纳总结 → 片尾

图 2-2-4　原理类知识短视频内容的结构设计

5. 问题类知识内容结构设计

对于学习者来说，问题类知识重在培养学生的分析和解决能力。问题类知识内容结构设计为"片头—主题—导入问题—问题分析—归纳梳理—举例验证—巩固测验—总结拓展—片尾"。在这个过程中，问题分析是重点，因此短视频要向学生展示分析问题的步骤，使学生理解具体工作的细节，从而能够正确地分析问题、解决问题。问题类知识内容结构设计如图 2-2-5 所示。

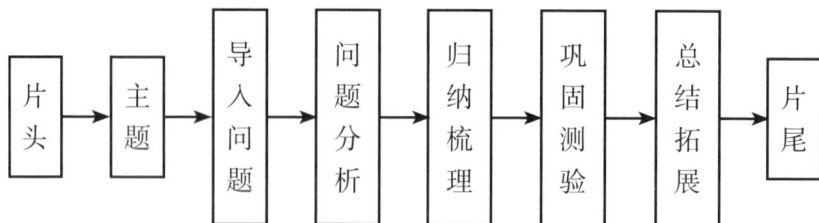

图 2-2-5 问题类知识短视频内容的结构设计

二、短视频多媒体设计

教学短视频在设计和制作时，并不是只包含单一的媒体信息，而是包含文字、声音、图像和视频等形式。多种表现形式的利用可以给人们以丰富的感觉，不仅可以帮助学习者构建新的知识，也可以使学习者集中注意力，并且体验学习的快乐。应用短视频进行教学，为了达成预期的效果，同时实现教学目标，需要在教学短视频注重视觉和听觉信息的作用。视觉和听觉信息指的是短视频教学资源中的多媒体元素，这些元素组合起来使学生可以从视觉、听觉等多方面来接受知识，可以使学生通过在线学习的方式运用多种方法来理解某一知识，从而提升学习知识、吸收知识、内化知识的效率。所以，因此，在短视频教学资源设计过程中，对多媒体元素的使用可以促进学习者更好地接收、理解、应用授课者所讲授的知识内容。不同的多媒体具有的特点也不同，如文本、图形和图像、声音等特点不同，短视频教学资源设计需要基于不同多媒体元素的特点进行，它们的描述与特点如表 2-2-1 所示。

表 2-2-1 多媒体元素分析

多媒体元素	描述	特点
文本	主要用于教学内容的呈现、概念的表达、注释的讲解，主要受大小、字体、颜色、样式等影响	重难点突出、标题明确
图形、图像	图形主要由几何形状、线条表达。图像来源于相机、扫描仪、网络等，跟文字相比，更加形象生动	容量小、清晰易懂、与文字搭配图文并茂
声音	人的讲解和音效。增加听觉的刺激，使学习者注意力更加集中	容量比较小，多与视频组合在一起

（一）短视频中的文字元素

短视频中信息的主要载体是文字，文字同时也是网络在线学习者最直接获取知识的方式。文字是对知识内容的概述，对整体教学内容的提炼，其最大的特点就是言简意赅，形式符合内容，内容显示明确，使学习者一看便知。

但视频制作中，文字多了会影响观感，需要增加图片和动画等来展现教学内容，辅助学习者更好地学与教师更好地教，提高教学的质量。

文字不仅可以对知识进行说明，而且具有较强的表现力，在对短视频画面进行编排和布局中，字体的选择、字号的大小、样式等因素的不合理化选择，会给网络在线学习者带来不便，会直接影响课程内容的呈现效果。

根据实践总结，本书推荐以下两种字体，以保证阅读性和字体美观性。一种是标题采用黑体，该字体美观大方，中英文都实用，加粗后特别清晰。在此基础上内容可用宋体，两者可产生比较强烈的对比，并且这两种字体的兼容性最佳，在短视频中使用不容易产生乱码或变形；另一种是标题使用黑体，内容可用楷体，这样的搭配也能达到很好的视觉效果，如表 2-2-2 所示。

表 2-2-2　字体搭配示意

示意 1	示意 2
标题：黑体	标题：黑体
Title: black body	Title: black body
内容：宋体	内容：楷体
Content: the song typeface	Content: regular script

（二）短视频中的图形图像元素

在短视频教学中，图像的地位不可代替，因为图像可以快速传递相关信息，还可以引起学生的学习兴趣，使学生更加直观地理解某一知识。

晦涩难懂的知识内容会使学习者的学习兴趣下降，有时还会降低学习者的集中力，使学习效果下降。学习者在线学习观看短视频时，会遇到一些难懂的知识内容，这些内容如果通过图形图像的形式来展示，会比单独地展示文字、公式等要更有视觉冲击力，可以提高学习者的注意力。所以短视频设计时需要善于运用图形图像。

图形能够将抽象化的概念转换成生动形象的视觉影像，以图文并茂的方式向受众传递学科知识，这种方式不仅能增强信息的承载量，还能使相同的可视区域内容纳的信息成倍增加。

与此同时，由于图形的生动形象性特征，相对于文字表达，能使学习者更容易接受与吸收。其能将一些数据信息囊括的内容以更简单、更容易识别的形态展现出来，能够更加明确地传达价值，并且没有观看难度限制。

由于学习内容信息品类众多、专业特性强，制作者使用图形化、图像化方式将这些知识信息拆解分析再组合，就能通过图文并茂的形式展现界面内容，利用受众耳熟能详的视觉语言消除专业隔阂，能够有效降低课程的学术难度，提高信息的可读性，还能调动学习者主动获取信息的积极性，从而使教学内容得以有效传递。

（三）短视频中的声音元素

声音是构成短视频教学资源制作的重要元素之一，主要包括老师解说声音、音乐音效等。老师的解说声音是对教学内容的解说，解说声音的好坏会影响到学习者对内容的吸收程度以及学习者是否有兴趣学习内容。

音乐的使用是为了突出和深化教学主题，从而更好地展示教学内容。在短视频教学资源制作中，音乐能激发人内心深处最原始的感动，运用音乐可以烘托气氛，增加学习者的想象力，不断深化教学内容的主题。

在音乐的选择上，应以短视频内容与呈现形式的选择为基础，不要盲目选择流行音乐，同时，也应充分考虑动态和静态形式组合视觉元素的表现。可以给某些视觉元素增加一些运动效果，并用舒缓的轻音乐进行配合，与讲解的内容达到情景交融的效果。在声音出现的地方，页面及时切换到对应的图片，增加视频的吸引力，避免过于单调，更好地引起学习者的思考，使学习者在愉快的氛围下增加对知识内容的认识和理解，缓解学习者学习的压力。音效在短视频中主要是烘托气氛的，增加一些提示性的音效能够更好地引导网络在线学习者，使学习者进入所营造的氛围中。

教师可以以讲解时间为时间轴，配合能够呈现教学内容的文本、图像、表格、数据等制作教学动画，将一段有意义的教学讲解录音做成动画型教学视频。

事实上，任何有趣、过程性的讲话录音都可以制作成生动有趣的动画片，如Flash动画。当教师将一段有意义的教学讲解录音做成动画型教学短视频，配以必要的教学文字，就能将知识点较为直观地呈现在学习者眼前，使晦涩难懂的知识化繁为简、化难为易、化抽象为具体，生动形象地讲解教学内容，便于学习者对所学知识有更加深刻的理解和记忆。虽然这类教学短视频画面清晰、生动、漂亮，但制作难度较大，需要的绘画素材较多。

三、短视频展现形式设计

短视频展现形式设计决定短视频教学最终的表现形式，在短视频教学资源设计过程中至关重要。要想制作好短视频，我们就要深入地了解它。那么短视频到底有几种展现形式呢？不同风格的短视频，它的展现形式也是不同的。现有短视频展现形式主要有以下几种。

（一）解说类

短视频展现形式中最简单、最容易制作的就是解说类视频。这类视频是从网上下载一些片段，加上背景音乐合成的视频。例如，党史解说的短视频，教师可以在官方网站上下载一些权威的、比较受欢迎的电影、纪录片，截取其中最经典、最发人深省的一个小片段，再配上与情景相符的音乐，就可形成一个完整的短视频。这类视频制作比较简单，找到合适的素材及背景音乐即可，若是再加上一些情感类的经典字幕，就更容易触动用户情绪，有利于与用户产生心灵沟通，提高学习的效果。

（二）脱口秀类（讲坛）

脱口秀类（讲坛）是目前短视频中一种比较常见的形式。在制作教学短视频时，教师也可以将学科知识、典型经验等内容使用诙谐幽默的语言娓娓道来，对课堂上没有讲到的知识点加以补充，为网络在线学习者提供更好的学习资源，从而使其获得认知提升。这类视频需要特别注意保证自身的"科学性""知识性"，切不可为了迎合网络在线学习者的关注而"走偏"，只讲娱乐性而忘记了传递知识的根本目的。

（三）同款类（模仿）

同款类就是常说的拍同款，即模仿平台上比较火的视频拍摄。这类视频实践中也较多且关注度很高。模仿相对于原创简单许多，在抖音平台中较为常见。这类视频不需要准备太多的文案，只需照搬或者稍加改进即可。但是在教学类短视频中进行模仿，要突出教学视频课程特色，形成独特的标签。

（四）Vlog（微录）

Vlog（微录）是博客的一种，全称Video Blog，即视频记录。视频博客、视频网络日志源于blog的变体，强调时效性。Vlog作者以影像代替文字或相片，写个人网志，上传与网友分享，符合平台记录生活的初衷。2018年以来，Vlog形式盛行，它就如写日记一样，只不过以视频的形式展现。教师可以通过录制Vlog，记录教学心得体会，总结学生易错问题，分析当前学科重难点，用更加轻松、生活化的方式分享给学习者，一方面能够拉近与学生的距离，另一方面也能引起他们学习的兴趣。

在运用此教学短视频形式时，要注意以下几点视频拍摄的重点：第一，要有主题，这样方便学生查找、学习；第二，主次分明、突出重点，千万不能像流水账一样，让学生看完不知所云，达不到学习效果；第三，注意拍摄效果，制作者要多学习一些拍摄技巧，制作更成熟的短视频教学资源。

（五）情景短剧类

通过短剧情的形式把视频设计者要表达的主题展示出来，这应该是几种形式中最难的形式，但是好的短剧也是短视频教学资源平台中最受学生欢迎的，也是最能清晰地表达主题，情感更加丰富，更易引起共鸣的形式之一。教师可以将知识融入一个个小情景中，吸引学生注意力，起到寓教于乐的作用。例如，教授学生英语口语知识，就可以拍摄一段英语口语交际的小短剧，在对白中突出教学内容；再如，教授学生物理知识，就完全可以借助生活中的场景，展现那些较为抽象的概念。

在情景短剧类教学短视频拍摄中要注意以下几点：一是收集资料，提炼中心思想，将中心思想结合生活实践，将理论应用于生活中，勾勒好剧情及相关脚本，设计好拍摄场景。给网络在线学习者以较强的代入感。二是拍摄需要掌握最基本的如运镜、转场等技巧。三是提升剪辑能力，由于情景短剧往往是若干视频合成一个视频，因而在剪辑时要保证视频的连贯性、完整性。另外，还要添加字幕，进行特效处理等。

（六）交互式短视频

现今开发出的短视频教学资源多数以以上几种形式出现，尽管观看性较强，但是缺乏相应的交互性，不利于调动网络在线用户的学习积极性与主动性。交互式短视频则能弥补这一缺点。

交互式短视频片段通过计算机的手段将文字知识进一步加工处理，转换为集原理知识讲解与操作交互为一体的视频学习工具，它能够在较短的时间内以较高的效率向学习者传输大量的学习内容，为学习者提供简单易操作的学习交互环境。学习者通过观看视频并进行自主操作来掌握所学的知识和技能。

制作交互式短视频，需要把传统讲授和数字化视频学习两种模式的优势结合起来，了解学习过程中的薄弱环节，并设计一套合理的交互逻辑。在学习的过程中。学习者可无限次地反复观看并操作视频学习知识，在交互中了解自身不足并予以弥补。这种教学视频能够提高学习者对此类知识的学习兴趣。后文中，我们将对交互式短视频教学应用模式进行进一步介绍。

第三节　短视频教学资源设计流程

由于不同教学视频属性不同，学习用户对视频风格的喜好不同，教学主题不同，短视频设计开发的流程方案也有所不同，有着多种多样的形式。为尽量满足各方个性化的需求，降低短视频教学资源设计开发的门槛，兼顾短视频教学资源开发成本、学科特性以及短视频设计制作的效率，本书归纳总结出如下两种常用短视频设计开发流程。

一、原创短视频制作流程

原创短视频制作流程如图 2-3-1 所示。

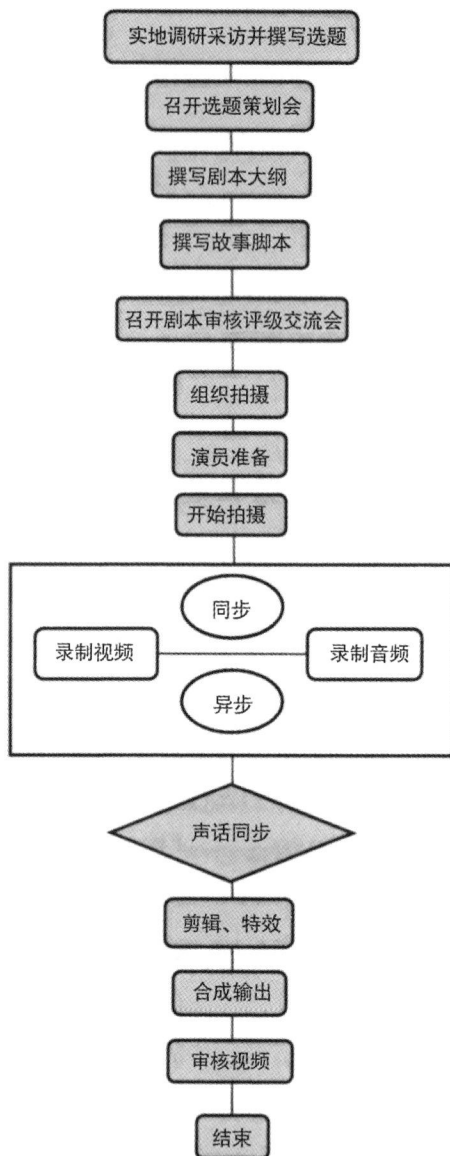

图 2-3-1 原创短视频制作流程

（一）实地调研采访并撰写选题

根据项目主题，联合各区各系统相关部门，实地进行调研采访，并根据调研结果撰写策划选题。

当然，如果只是教师个人对原创短视频进行制作，这里可以相应简化，但无论如何，都应提前做好相关调查研究，撰写好选题策划，明确要拍摄短视频的主题、内容等方面信息。

（二）召开选题策划会

有关成员共同召开策划会，对所有选题进行讨论，讨论范围包括但不限于：

（1）选题的内容方向是否新颖有趣、合乎需求；

（2）内容是否有传播度？是否具备科学性、知识性；

（3）符不符合平台的受众需要；

（4）角度是否正确。

讨论完成后，如有问题，重新修改或直接去掉；如没有问题，开始撰写剧本大纲。

（三）撰写剧本大纲

按照策划内容对剧本大纲进行撰写，完成后需对大纲进行审核，如有问题要及时进行修改。如没有问题则可开始撰写故事脚本初稿。

（四）撰写故事脚本

依照剧本大纲撰写更为详细的故事脚本，脚本中要时刻与教学内容保持紧密联系，完成后同样要再审核一遍，查找并讨论存在问题。例如，考虑剧本的转折点会不会太硬，有没有深入浅出地讲解知识点，能不能吸引学生注意力等。如有问题，需重新进行修改，如没有问题召开剧本审核评级交流会。

（五）召开剧本审核评级交流会

由总编导带领团队所有成员共同召开评级交流会，对故事脚本进行评级，写得越好，级别越高，确定最终排名和故事脚本终稿。

对于个人进行的简单拍摄来说，这一步可以省略。

（六）组织拍摄

根据剧本准确拍摄，设备准备包括手机、摄像机、灯光等，布置背景或场地等。

（七）演员准备

根据剧情需要，邀请出镜演员，准备服装、化妆道具，并在拍摄前一天将故事脚本发给演员。演员根据脚本内容，提前熟悉台词，做好化妆出镜准备。

这里要注意的是，即便只是个人进行拍摄，也不能忽略准备工作。丰富的道具、场景，相配套的服装，都能更好地营造教学情境，让学生真正入戏。如果拍摄过于简陋粗糙，那么短视频的质量也会下滑。

（八）开始拍摄

拍摄完成后要对拍摄成果进行确认，如果有问题，则需要重新拍摄相应镜头，确认无误后，保存备份拍摄原素材。既可以同步视频，实现声画同步，也可拆解视频，将音频文件独立出来，最后根据故事情节需要将音频和视频文件合并成同一文件。

（九）剪辑、特效

根据原素材和后期脚本，开始剪辑、包装、美术设计的工作，包括字设、图设、表情包等。制作者可以对视频进行整体剪辑处理，如片头、片尾的设置，在适当位置添加一些视频特效，如专场特效、粒子特效等，使画面内容更加丰富、美观、协调。

（十）审核视频

首先，审核剪辑完成的视频初稿，如有问题及时进行修改，直到合格；其次，如没有问题，则可以输出成片，之后进行最终审核，一旦发现问题，还需继续进行修改。

二、二次编发短视频制作流程

二次编发短视频制作流程，如图 2-3-2 所示。

现有视频资源

撰写策划方案

召开选题策划会

撰写文案故事脚本

查找网络素材（包括视频、音频、图片等）

整合二次编发素材

同步

视频素材 ——— 音频素材

异步

声话同步

剪辑、特效

合成输出

审核视频

结束

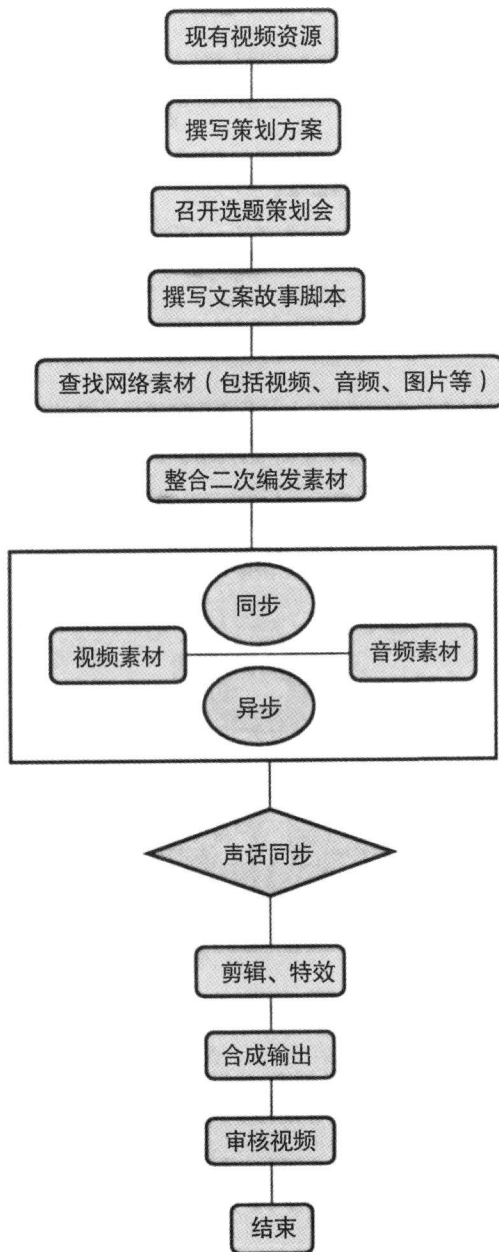

图 2-3-2　二次编发短视频制作流程

（一）召开策划会，制订策划方案

对现有的视频资源制作方法和展现形式进行统计并对视频资源进行重新分

类，同时，组织召开选题策划会，对新型的视频制作方案进行创新性研究，确定策划方案。

对于个人制作者来说，既可以独立完成上述任务，也可以与同事、学生进行讨论，或向领导、专家进行请教，形成更强合力。

（二）撰写故事脚本，查找网络素材

撰写文案、故事脚本，完成后进行审核，查找并讨论存在问题，如有问题重新进行修改，如没有问题，进入后期剪辑制作。

同时，根据文案脚本实际需求，查找网络素材，包括视频、图片、音频以及其他文字材料等，统一纳入素材库，为后期制作做好相应准备。

（三）后期剪辑、特效，审核视频

根据原素材和后期脚本，开始剪辑，添加相应特效，并对成片进行审核。这里与"原创短视频制作流程"中"剪辑、特效"及"审核视频"流程一致，不再赘述。

三、短视频设计流程中的关键环节

当前，视频制作和视频编辑软件层出不穷，功能也越来越强大，一定程度上降低了视频制作和开发的技术难度，但制作者在短视频设计流程中仍要注意以下几个环节：素材的选择与处理、文案撰写与分析、教学资源配音与录制以及教学资源后期处理，这样才能真正保证短视频教学资源的优质与有效。

（一）素材选择

为了使课程内容丰富多彩，将教学内容直观、形象地呈现给广大学习用户，大量优质的多媒体素材选择准备是制作短视频前期的重要工作。在多媒体素材选择过程中，要特别注意版权问题，未经过版权所有者同意不得在视频中使用，网络资源要注明来源。

1. 文本素材选择

根据短视频特点，有固定教材的课程可就地取材。将教材内容归纳筛选，形成文字稿本，纸质文本素材可以通过扫描或者拍照的方式转为电子版，再通过"汉王"或者"泰比"等OCR（Optical Character Recognition）光学字符识别文字识

别软件，将文本内容提炼出来；无固定教材课程可以通过搜集专家相关研究文献或者已有的电子资料等方式获取。

2. 图片素材选择

图片素材要求高分辨率、高清晰度，切勿使用低质、杂乱或影响观感的图片，制作者可利用图片搜索引擎，搜索更多尺寸和分辨率的素材。

3. 音频素材选择

（1）背景音乐

好的背景音乐可以使人精神愉悦、心态放松，利于教学内容的学习，背景音乐最好是根据剧情需要进行选择，如陈述类情节可选用节奏舒缓的钢琴曲或者轻音乐：悬疑类情节可选用较低沉的音乐；搞笑类选用变声软件制作。目前较为流行的音频素材搜集平台有"Big Bang""伪音变声器""有趣的声音效果""DJ多多"等手机端APP，素材搜集快捷便利。

（2）人声

如果制作者自己录制人声讲解，那么就不存在选择问题；如果制作者想要从网络上选择音频讲解内容，就要根据以下三方面择优选择：①选择清晰的，没有杂音的；②选择讲解简洁准确、生动有趣的；③选择最符合主题要求的。

4. 视频素材选择

制作者也可以选择现成已有的短视频教学资源进行加工，使之更符合自己的教学需求。目前具有权威性的教学资源平台主要有学习强国、各大高校教学平台等，经官方同意即可通过网络浏览器安装视频下载插件，硕鼠、维棠等视频下载工具或者录屏软件获取，但要注明来源。

（二）文案撰写与分析

在整个视频制作过程中，文案脚本的策划和撰写是必要的一步，文案脚本的创作是把创意思路用生动形象的语言按照场景的形式进行描绘，并对视频进行具体的形象勾勒。而文案脚本的质量决定着视频的质量。想让视频达到良好的宣传效果，那么文案脚本起着非常关键的作用。

（1）首先在视频拍摄之前，要确定和清晰地知道所制作的短视频诉求点是什么。例如，学科知识、典型经验、人文历史、实用技术、政策解读等，从而准备详细资料。

（2）开始撰写和设计文案脚本大纲，结构主要由开头、中间、结尾三部分组成。

开头部分，视频开头在视频中占有很重要的位置，它的作用是吸引注意力，提高用户观看兴趣。但开头部分不宜过长，一般十几秒左右，通过简短的镜头、几句解说点出主题即可。

中间部分，要循序渐进，逐步深入，有层次地划分段落；段落要衔接自然，内容表达层次分明，有详有略，上下文、段落间过渡要自然，前后要对应。

结尾部分，结尾是整部视频点睛的部分，总结全片。要做到首尾呼应，简洁有力。

（3）视频文案脚本，一方面是创意概念的文字化；另一方面是创意概念的视觉化。因此，在描述画面时，要具体、准确。画面表现什么样的内容文字就要描述什么样的内容，一一对应。对于人们不熟悉的事物，作具体的描述。画面的表述一般采用叙述、描写和说明等方式，必要时可用图绘表示。在画面设计上，掌握好节奏，需要有解说词的，在制作脚本时每个画面或一组画面要配上一段相应的解说词。

（4）完成文案脚本大纲之后，接下来要做的就是如何用独特的创意组织和扩充这个提纲。首先，头脑中要有一个想象的画面，结合片子主题进行创作。在创作的过程中不能过于拘谨，只要有好的创意想法，并且符合短视频要求，就可以把创意表现出来。结合创作者的实际情况，创作出有新意的脚本文案。

（5）整个文案脚本撰写完成后，要不断推敲、修订和完善，让文案脚本更有层次，更能展现出好的效果。

（三）教学资源配音与录制

音频是短视频制作中一项关键性工作，解说声音是否清晰、优美直接关系到学习者听觉感官的体验，影响网络在线学习者的学习效果。为此。有些视频摄制团队不惜重金邀请专业播音员，并提供专业录音场地进行课程录音工作。对于经费有限又想对短视频加配音的短视频制作者，其实也可以从简进行，通过一个麦克风和简易的录音场地同样可以完成课程录音工作。对于麦克风的选择，可以量力而为，建议价格在百元以上。开始录音之前，需要找到一个相对安静的录音环境。还可以使用隔音棉搭建简易的录音棚，成本不高，但会提升录音效果。注意将手机调为静音或者关机。如果用电脑，要将网络断开。为了达到更好的录音效果，可以尝试调整话筒的距离、说话的声音，以保证比较大的信噪比。

1. 同步录音

同步录音即先画后音法，先根据故事情节，制作教学视频，然后开始视频录制并同步录制解说。这种方法要求主讲人对教学内容十分熟悉，不然，会出现卡壳、停顿等问题。在录制解说时，录制者要一边看文字稿本，一边观看视频内容。还要手动控制视频播放。由于大脑是串行机制，所以，很难同时处理多件事情，解说者容易紧张和慌乱。这种方法需要录制者对教学内容十分熟悉。

2. 异步录音

异步录音即先音后画法，先制作文字稿本，根据文字稿本提炼出解说稿本，然后进行视频内容录音，对录音文件剪辑和优化之后，根据录音内容制作教学视频，这种方式可以减轻解读者录音时的紧张心理，提高制作效率，比较适合团队合作开发教学视频。

声音录制好之后。需要对音频文件进行修剪、降噪和优化的处理，以提高音频文件的质量。录制解说时，可以在开始处留 3~5 秒空白，便于采集噪声样本，同时，建议分段录制声音，便于后期剪辑。

Adobe Audition 就是一款专业音频编辑和混合软件，它功能强大，且操作简单、易于掌握，能集成多种音效处理效果，可以快速高效地完成音频的剪辑和优化工作。其操作界面如图 2-3-3 所示。

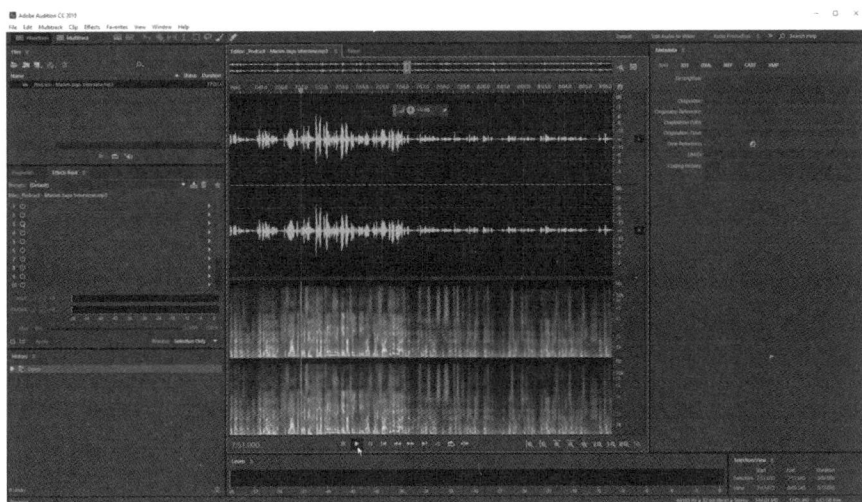

图 2-3-3 Adobe Audition 软件截图

（四）教学资源后期处理

视频后期是教学视频制作的重要工作，需要制作者掌握一定技能，能够对相关软件进行运用。关于如何对教学资源进行后期处理，本书将在第三章进行专门阐述，此处不再赘言。

第四节　短视频教学资源设计存在问题及建议

一、短视频教学资源设计存在的问题

（一）缺乏对短视频教学资源设计的重视

现代科技日新月异，互联网时代的计算机信息领域建设速度越来越快，环保意识也在逐年加强，各行各业逐步开展无纸办公模式。教育领域也不例外，当前多媒体、流媒体等工具成为主流，在各种领域的应用愈加广泛，为了适应未来社会的互联网信息发展趋势，通过短视频教学资源的推广和使用，办公、学习效率会得到显著提高。然而，人们对短视频教学资源的设计还不够重视，还存在传统刻板的PPT思维，认为只是用几张图片配几行字，再录成视频，就是"短视频教学资源"。实际上，未经设计的短视频教学资源只是空有"短视频"的外壳，内里却不具备相应的优势与功能，学生不感兴趣、教师不愿使用，起不到提高学习效率、教学质量的作用。此外，对短视频教学资源设计重视不够，也是导致短视频教学应用中资源良莠不齐的重要原因。

（二）缺乏短视频教学资源反馈渠道

现如今，很多教师在设计短视频教学资源时，存在千篇一律的问题，都是沿用同一种套路，然而即便想要改进，却也不知道哪里存在问题。学生是短视频教学资源的使用者，短视频教学资源设计好不好，是否能够起到成效，他们最有发言权，但现实情况是，学生在观看、学习短视频后，即便有意见与建议，也不知该向哪里反馈。短视频教学资源学习者和短视频教学资源制作者之间缺乏畅通的评价反馈渠道。

（三）缺乏短视频教学资源设计人才

如本书第一章短视频教学应用所面临的难关困境中所指出的，当前短视频教学资源设计主要依靠教师，而大部分教师都非计算机专业、编导专业出身，设计、制作短视频教学资源能力相对不足，也没有充沛的精力专门投入其中。如果不能从根本上解决这一问题，短视频教学资源设计很容易陷入敷衍了事、粗糙不精的恶性循环之中。

二、短视频教学资源设计的建议

（一）强化对短视频教学资源的设计认知

学校、教师都应该强化对短视频教学资源设计的认识，了解短视频教学资源如何设计，又为何这样设计，从而真正提升短视频教学资源设计的主动性、积极性。我们要立足教学需求与学生需要，设计出真正优秀的，能为课堂所用、为学生所喜的教学资源，切实提高课堂及课外对短视频教学资源的使用率。

（二）建立评价反馈平台

由于短视频教学并非传统面授教育方式，其跨时空的特性背后存在着无法得到实时反馈的缺点。为实现对短视频教学的高效反馈，建立评价反馈平台是必经之路。评价反馈平台的建立可以及时了解学生学习中的问题，对于短视频教学资源不足的反应可以及时得知。学生还可以在评价反馈平台上发表意见，从增强短视频教学实用性的角度出发，为改善短视频教学出一份力。

（三）培养或引进短视频教学资源设计与制作人才

科技技术的高速发展带来了信息的爆炸式进步，前者使短视频教学资源的制作工具得到了发展和进步，这意味着制作和素材编辑软件的质量升级，后者则代表着观众对短视频画面的清晰度和分辨率提出了更高要求。更高要求的提出给短视频制作人员带来了新挑战，不仅要提高教学能力，对于计算机相关操作能力更是要精益求精。高要求带来的不只是挑战，同时也是吸引受众的好机遇，为了抓住机遇，校方可以培训教师习得计算机操作能力，同时对于同时具备计算机操作能力与教学能力的人才采取引进战略，为优秀短视频教学资源的创作提供不竭动力。

第三章 短视频教学资源平台的关键技术

构建短视频教学资源平台，主要需要两个部分的技术支持，其一为内容创作技术，否则将空有平台而无相应可用资源；其二为平台搭建技术，否则即便制作出精良的短视频教学资源，也难以便捷地进行搜索与学习。本章对短视频教学资源平台的关键技术进行介绍，主要包括短视频的制作技术、短视频后期处理技术、大数据技术及个性化推荐技术。

第一节 短视频的制作技术

这里所说的"短视频制作技术"，主要是指短视频的拍摄、录制技术。

一、摄像机拍摄短视频

说起录制短视频，不禁使人联想到拍电影，仿佛是多么遥不可及的事情。其实，很多年前，人们就已经开始使用数码摄像机（Digital Video，DV）留住生活中的点点滴滴。但是由于当时经济条件的制约，摄像机或数码相机等电子产品还属于奢侈品，这些东西并非人人都能拥有。况且，当时科技并未如此发达，市场上的摄像机像素还很低，拍摄出的视频不是特别清晰。

随着时代的发展，和许多电子产品一样，摄像机和数码相机慢慢地进入普通家庭，拍摄视频已经不算什么高深的技术，很多父母就用摄像机留住了宝宝的一个又一个精彩的成长过程。随着网络越发发达，加之自媒体的兴起，拍摄短视频已成为一件人人都能学会的事。教师也完全可以利用摄像机拍摄短视频教学资源。但是，想要拍摄一个精彩甚至经典的教学短视频绝非易事。那么，用摄像机拍摄短视频有哪些要求，需要我们掌握怎样的技术呢？

（一）选择拍摄设备

用摄像机拍摄短视频，一般的摄像机就可以达到要求，如果要拍摄高清短视频，就需要从以下几个方面考虑。

1. 镜头

选择镜头一定要看它的光学指标，焦距一般选择 16~20 mm。

2. CCD

CCD（Charge-coupled Device）指电荷耦合元件。电荷耦合元件是摄影机中必不可少的一部分，同时直接影响摄像机图像质量。因为 CCD 是一种半导体器件，作用是将能光学影像转化为数字信号。当前使用最多、最广泛的摄像机分为 3CCD 与单 CCD。对于独立视频制作的需求来看，CCD 的质量是首要的，直接决定了摄像画面质量以及后期处理效果。除此之外，可以从 CCD 的尺寸来对整机的价格和档次进行判断。

3. 麦克风

在录制作品时，用摄像机自带的麦克风（MIC）录制的声音往往不能令人满意。要想录制高质量、声音效果好的视频，市场上一些摄像机专用的麦克风也是可取的，毕竟仅用低价就可以得到趋近专业质量的声音，在经济成本的角度上来说是极其不错的。

4. LCD 监视器

LCD 监视器的大小、像素直接影响了摄像机整机价格，然而在实际的拍摄过程中，对于寻像器或外界标准监视器的需要和依赖则相对更高。

在这里，本书推荐几种品牌的摄像机，价格为 2000~5000 元，如图 3-1-1 和图 3-1-2 所示。

图 3-1-1　佳能高清摄像机

图 3-1-2　索尼高清摄像机

另外，还有松下、三星、JVC 等品牌的摄像机也是不错的选择。

（二）学习拍摄技术

一些刚刚接触拍摄的新手很容易犯手拿摄像机边走边拍的致命错误。因为当人的精力集中在摄像机的拍摄画面时，会没有多余精力察觉自身周边环境，如果脚下出现台阶或是阻挡，会容易因此受伤。除此之外，拍摄主体在拍摄时若处于移动状态，所拍摄出来的画面会摇晃不稳，对于观众来说很难有好的观看体验。因此，用摄像机录制短视频的关键就是一个"稳"字。为了使画面稳定，一般情况下，我们可以借助三脚架，也可以借助手持稳定器。

如果想要录制更高质量的短视频，除了要稳住镜头以外，还要做到四点，即"推、拉、摇、移"。

1. 推镜头

所谓推镜头，简单来说就是将摄像机往前推进，给人以画面框架往前移动的感觉，即画面逐渐接近被拍摄主体。随着镜头的推进，观众视角会向前移动，被拍摄主体在画面中的占比也会越来越大，相反，被拍摄主体之外的环境则会越来越小。在拍摄过程中，将被拍摄主体始终维持在画面中央是不错的选择。推镜头带来的画面推动会引导观众视线，同时使观众清晰了解环境与被拍摄主体之间的关系。

2. 拉镜头

所谓拉镜头，简单来说就是与推镜头相反，即通过将摄像机往后拉来营造出画面往后移动的感觉，使画面逐渐远离被拍摄主体。与推镜头的效果相同，拉镜头可以起到引导观众视线的作用。

3. 摇镜头

所谓摇镜头，简单来说就是将摄像机向左或向右摇动。作为视频拍摄的基本手法，通过摇动摄像机光学镜头的光轴线进行拍摄。这种手法拍摄所拍摄出来的画面是以摄像机为中心的扇形区域，拍摄效果如同观众在摇头。

在拍摄过程中若使用摇镜头这一手法，需要双脚分开并与肩同宽，摄像机要保证拿稳，在下半身尽可能固定的前提下，对上半身进行左右转动。转动时要特别注意转动速度与被拍摄主体速度之间的关系，如果两者速度不同，画面中运动物体会呈现不稳定的效果，极易使观众产生视觉疲劳，带来不好的观看体验。为解决这一问题，拍摄时将被拍摄主体维持在画面的固定位置上是很好的解决方法。

4. 移镜头

所谓移镜头，简单来说就是对摄像机的移动。绝大多数通过摄像机拍摄制作的视频，在观看时最能使观众感同身受的拍摄手法就是移镜头。通过对镜头的移动来体现日常生活状态，因为人们体验感受世界的方式就是通过移动，移镜头的拍摄方式反映了人们的真实生活，所以会使观众仿佛身临其境一般。

另外，录制短视频还要考虑构图。摄像机的观察角度不能与场景中大件的主体成直角，否则给人的视觉效果就是一进门好像被什么东西给堵住似的，没有视觉的空间。在选择构图时，需要考虑内容的完整性和场景的层次性，选择的角度最好为 30°～45°，让人感觉空间大一些。

上面是对于动态主体的拍摄要求，如果是录制静态主体，我们还需要调整焦距、变换镜头、调整光线、调节声音、画面构图依照三分之一构图原则（图 3-1-3）等技术要求。

图 3-1-3 三分之一构图原则

二、计算机录制短视频

短视频录屏技术，又叫短视频屏幕录制技术，是指通过录屏软件对电脑屏幕上的一切操作过程（动作、声音及图像）进行记录的一种技术手段。它广泛应用于各种电视录影、游戏录制、技术教程、拍摄等领域。与摄像机录制短视频相比，短视频录屏技术的特点在于：

第一，对录制人员的技术素养要求较高。它要求录制人员掌握一些基本的计算机操作和后期处理基本常识。

第二，对录制工具和录制环境要求较高。除计算机以外，还要有外置声卡、麦克风、监听耳麦等录音设备以及安静的录音环境等。

第三，适合录制精品教学短视频。

（一）选择录制设备

1. 计算机配置

使用计算机录制短视频时，对计算机配置有一个最低要求。如果计算机配置太低，运行速度就会太慢，不但影响录制效果，有时还无法安装某些软件。因此，建议使用如下配置或更高配置的计算机。

CPU：英特尔酷睿 i3 及以上系列。

内存容量：4 G。

硬盘容量：500 G。

显卡：1 G 独立显卡。

一台运行速度较快的计算机，不仅可以用于录制质量较高的短视频，还可以用于对短视频进行后期处理，让录制出的短视频与众不同。

2. 外置声卡

安装外置声卡。我们在录制短视频的过程中，无论使用什么工具录制，声音都是必不可少的，同时，对于一个好的短视频，声音的质量一定要高。但是，一般的计算机或手机自带的麦克风和声卡很难达到理想的效果，因此，我们有必要使用外置声卡以及电容麦克风。

下面以"金麦克 KX-2A"为例，说明外置声卡的设置及使用技巧。

【步骤 1】连接声卡与计算机（图 3-1-4）。金麦克 KX-2A 无须安装驱动，直接连接即可使用。

注意事项：录制前要关闭计算机中的其他所有程序，不然，在录制时容易弹出一些窗口，影响录制效果。

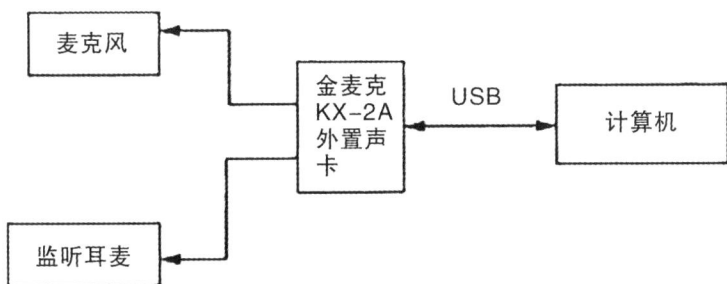

图 3-1-4　外置声卡连接示意图

【步骤 2】调节外置声卡工作模式。通常按动声卡上的工作模式按钮，选择"主持"模式。如果所录的短视频需要背景音乐，如诗朗诵、体育讲解、美术讲解等，就可以选择"听湿录干"或"唱歌"模式。

【步骤 3】调节音量。在录制短视频的时候，通过旋转话筒音量按钮调节录音音量，最好将音量调大一些，这样我们在后期处理的时候，比较容易降噪。另外，立体声混音开关应尽量处于关闭状态，这样就能尽可能避免回音干扰。

3. 麦克风

与外置声卡配套使用的是麦克风和监听耳麦，而麦克风也是影响视频声音质量的关键因素。下面简单介绍两种麦克风及其调节方法。

（1）动圈式麦克风。动圈式麦克风比较大，其形状有圆形、网格形、球形等。在麦克风中动圈式麦克风是比较好的选择，因为它的性价比较高，价位从 70 元的低端动圈式麦克风到 350 元的高端动圈式麦克风不等。动圈式麦克风并不需要外部电源，它们有多种可供选择，还有很多乐器在演奏时可以应用到麦克风，如架子鼓、电吉他或贝斯吉他等。个人公开演讲时，观众听到的效果也都不错。但动圈式麦克风在高频率范围内的效果不是很好，不太适合女生主唱或高频谐波仪器使用。

（2）电容式麦克风。电容式麦克风也称为电容麦克风，电容式麦克风有不同的类型，可以适合各种应用的场景。电容式麦克风与动圈麦克风的设计有着显著的区别，最鲜明的区别在于，电容式麦克风需要电源，而动圈式麦克风不需要电源。在声音设置中，电容式麦克风的幻象电源被发送到调音台的麦克风或 PA 系统。若不使用音效卡与内置的幻象电源，则需要一个单独的麦克风前置放大器提供电源。

电容式麦克风非常灵敏，适合做高精度音频，对于应用程序或精致的乐器录音，它是最理想的选择。

（3）麦克风的调节。电容式麦克风的拾音范围很广。首先，我们必须在一个绝对安静的环境下录制，不然会产生很多环境噪音，在条件允许的情况下，最好能搭建一个录音棚。其次，话筒与人的距离要适中，一般在 10 cm 左右。最后，话筒一定要加上防喷罩，这样能大大降低噪音，手机或其他电磁设备要处于关机状态，避免电磁干扰。

（二）学习录制技术

适用于计算机的录屏软件主要有超级捕快、Camtasia Studio、Screen2SWF、屏幕录像专家等。下面，我们以超级捕快为例，介绍屏幕录制技术。

超级捕快是梦幻科技继超级转换秀软件后的再一优秀力作。超级捕快具有革命性的全新功能，它是国内首个拥有捕捉家庭摄像机（DV）、数码相机（DC）、摄像头、电视卡、电脑屏幕画面、聊天视频、游戏视频或播放器视频画面并保存为 AVI、WMV、MPEG、SWF、FLV 等视频格式的优秀录像软件。

超级捕快的使用步骤如下。

【步骤 1】启动超级捕快。双击桌面上的快捷方式或按照"开始"—"所有程序"—"超级捕快"流程，打开界面。

【步骤 2】选择录屏选项。其方法很简单，切换到超级捕快主界面顶部的"电脑屏幕录像"选项卡，该选项卡的功能就是专门录制电脑屏幕动作。

【步骤 3】设置导出格式。在"录像导出格式"处选择符合自己要求的视频导出格式，比如 AVI 可以用于二次编辑；WMV 既节省空间，又能保证质量，可以自己保存，也可以网上传送；FLV 则更方便上传到短视频资源平台进行分享（图 3-1-5）。

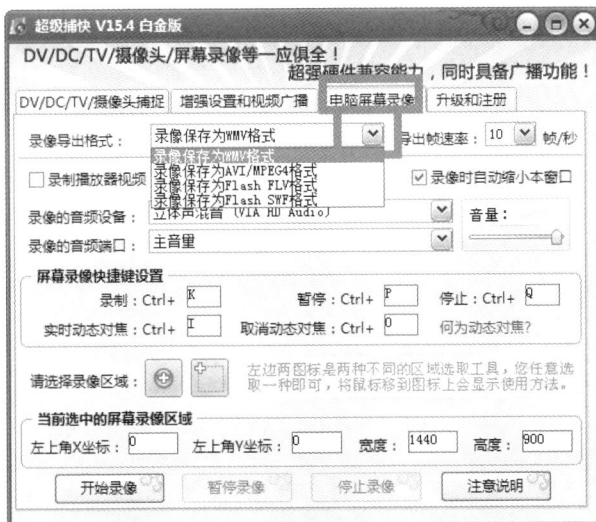

图 3-1-5 电脑屏幕录像选项

然后，在"导出帧速率"处选择 25 帧 / 秒。一切就绪，点击"开始录像"按钮就可以开始录制了。想要暂停录制，按快捷键"Ctrl+P"，继续录制按"Ctrl+K"，停止录制则按"Ctrl+Q"。以上这些快捷键可以在软件中自行定义。

【步骤 4】录像的音频设备选项。选择录像的音频设备，进行音量调节，随后点击"开始录像"即可（图 3-1-6）。

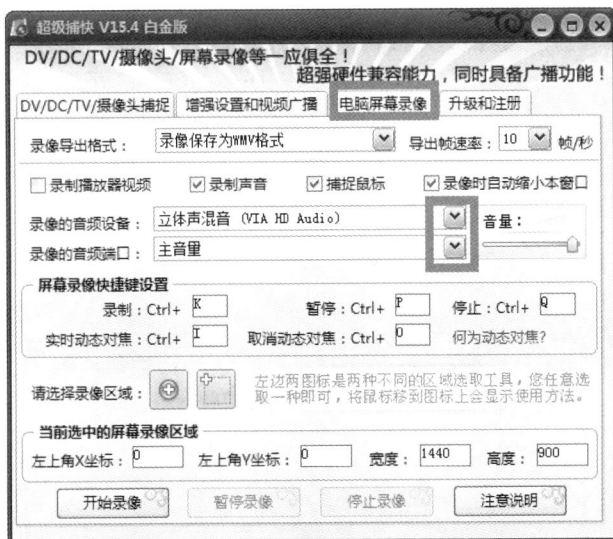

图 3-1-6 录像的音频设备选项

【步骤5】设置导出的 WMV 质量参数。点击"选择需要设置的质量参数方案"右侧的下拉按钮，可选择已有的高质量视频参数，也可选择自定义质量参数。选择好后，点击"下一步"（图 3-1-7）。

图 3-1-7　设置导出的质量参数

【步骤6】设置保存路径。点击"浏览"按钮，选择保存位置和文件名称，点击"立即录制"或"延迟录制"（图 3-1-8）。超级捕快允许人性化的延迟录制，不但支持秒级别的延迟录制，还支持小时级别的超长延迟录制（图 3-1-9）。

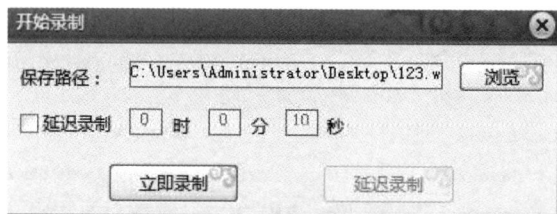

图 3-1-8　设置保存路径

图 3-1-9　延迟录制

三、智能手机、平板电脑录制短视频

使用智能手机、平板电脑拍摄短视频，主要是利用其摄像功能和内置麦克风，这种录制方式简单便捷，在当前被很多短视频制作者选择。

（一）选择录制设备

录制时，我们需要一部大屏智能手机或平板电脑、一个支架，根据录制内容选择录制道具，如纸、笔等。手机自然是摄像功能越强、像素越高越好，不过，也不用对此过分追求，只要录制的短视频画面清晰即可。

（二）学习录制技术

使用智能手机、平板电脑进行录制视频，大体技术要求与使用摄像机拍摄相似，要注意的是拍摄时应注意光线调节及环境噪音的控制，还有就是拍摄过程中要防止抖动。因此，我们应尽量选在白天光线充足的时间拍摄。

此外，为了达到画面稳定的视觉效果，我们可以用固定支架来固定智能手机或平板电脑，这样就能获得一段声音和图像都非常清晰的短视频。

第二节 短视频后期处理技术

无论是对自己拍摄、录制的原创短视频进行后期处理，还是对所搜集的素材进行二次编辑，都需要制作者掌握短视频后期处理技术，做到娴熟地使用相关软件。在此，我们对后期处理常用的、有代表性软件的使用进行阐述，对其基本功能进行典型应用讲解，以期教师很快达到入门级水平。入门之后，再通过自学和练习应用就能快速达到专业级水平和专家级水平。

一、应用会声会影编辑处理短视频

会声会影是一款具有灵活性和易用性视频编辑处理软件，而且对入门级视频制作者来说十分友好。其具有丰富的视频剪辑功能，易于上手操作，能够帮助我们轻松处理出自己想要的短视频。

（一）相关功能与导入素材

1. 相关功能及按钮

会声会影的主页画面中，各项功能只以不同的按钮方式呈现，当鼠标左键指向按钮时才能显示出该功能的名称。这对初学者来说，应用起来很不方便，在此本书先对常用功能按钮的名称进行说明，以便于大家后续学习（图 3-2-1）。

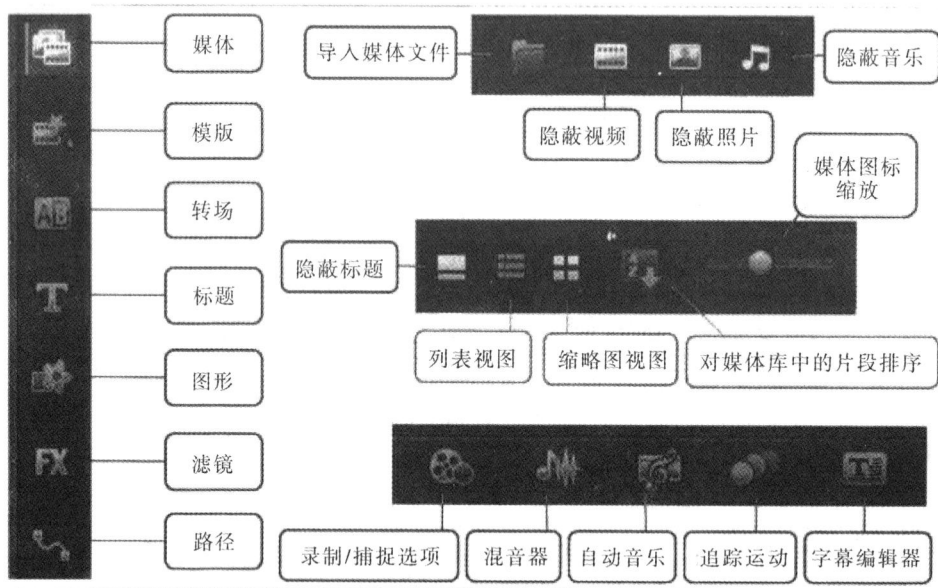

图 3-2-1　会声会影相关功能按钮的名称

2. 导入需要编辑的素材

【步骤 1】选择需要编辑的视频文件。在主页的"编辑"栏目状态下，单击"导入媒体文件"图标后，选择需要编辑的文件，单击"打开"按钮后，文件会被自动放置到媒体库中并显示出相应的图标。

【步骤 2】进入编辑状态。用鼠标左键将媒体库中需要编辑的文件拖至视频轨中即进入了编辑状态。

当然，我们也可以直接在视频轨中点击鼠标右键，选择插入视频、音频或者图片，直接将素材放置其中（图 3-2-2）

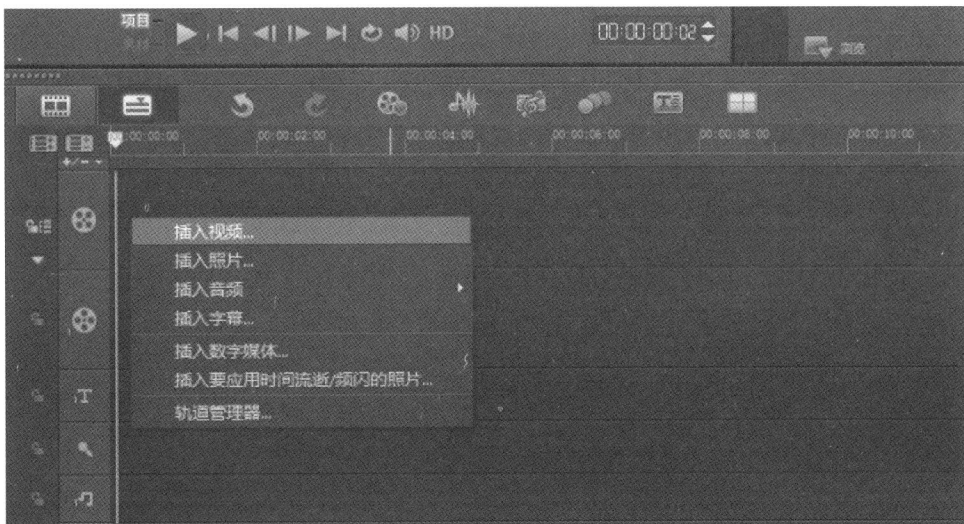

图 3-2-2　将素材导入视频轨

（二）素材分割与剪切

1. 分割的方法

在播放到需要分割的时间点或将时间轴滑块拖至需要分割的位置时，单击分割工具，即可将文件分割为两段。在时间轴上，被分割后的两段文件是连接在一起的，在分割点处有分裂痕标识，每一段的开始有文件图案，如图 3-2-3 所示。

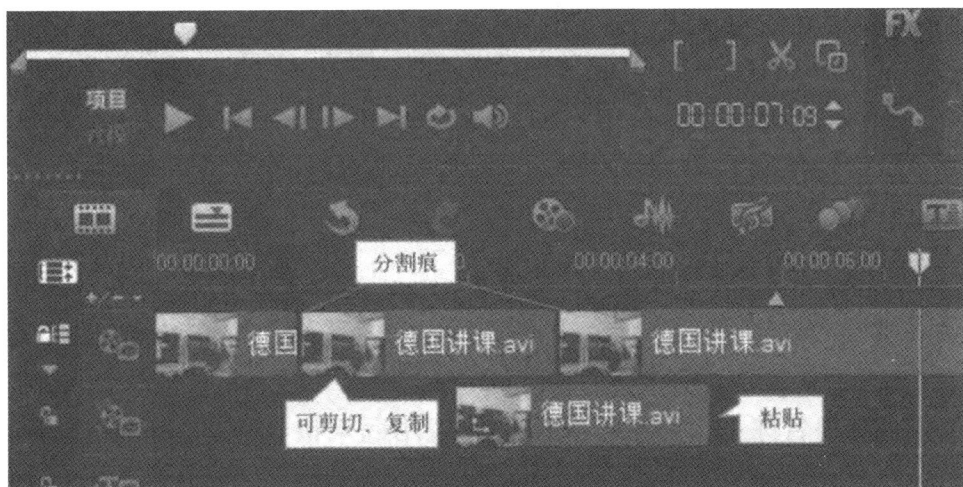

图 3-2-3　文件分割、剪切

2. 剪切的方法

（1）删除部分文件内容

当需要对编辑文件中的某一段去掉时，使用分割工具将欲去掉部分的开始点和结尾点分别进行分割。分割后，在时间轴上用鼠标右键单击去掉部分的图案，选择"删除"命令即可。

（2）复制、粘贴部分文件内容

将欲复制粘贴的部分文件内容的开始点和结束点分割后，在时间轴上用鼠标右键单击去掉部分的图案，选择"复制"命令。之后出现一个复制框跟随鼠标，将其拖至相应轨道上单击左键即可。

（三）视频特效的编辑处理方法

1. 转场功能的实现方法

在会声会影软件中，转场的图案包括手风琴、对开门、百叶窗等上百种，图像画面、动画效果非常好，可供选择的图案也很多。其应用方法如下。

【步骤1】选择转场图案。单击主页画面中的"转场"图标后，在文件库中出现了全部的转场动态图案。拖动右侧的滑动条可浏览选择（图3-2-4）。

图 3-2-4　会声会影中的转场

【步骤2】插入转场。用鼠标左键将选中的转场图案拖至时间轴轨道中的分割点处。然后播放一次，看看效果是否满意。不满意，则用鼠标右键单击分割处的转场图案，选择"删除"命令。然后再重新选择一个满意的转场图案即可。

2. 画中画功能的实现方法

如果需要在短视频中加入画中画视频或图像，以更好地配合主画面的呈现效果，则可以应用画中画功能来完成。方法如下。

【步骤1】将主视频播放到需要插入画中画的时间点暂停。然后在媒体库中将作为画中画的视频或图片分别拖至覆盖轨1或覆盖轨2的相应轨道中。

【步骤2】调整画中画的位置和大小。单击覆盖轨上的画中画图标，在播放器中出现该视频或图片的边界框，用鼠标左键拖放可调整该画中画的位置和视域大小。

第2个和第3个画中画的插入位置和视域大小的调整和第1个相同。

【步骤3】用鼠标左键分别拖拉覆盖轨中画中画图标两端，可调整画中画的开始和结束时间。

3. 滤镜功能的实现方法

为了实现一些特殊的视频、图像播放效果，可采用滤镜功能。滤镜特效功能是通过变形、变色、滤光等多种方式实现特殊效果的。在会声会影X8中，有数十种滤镜特效供选择使用。

在短视频中，一般不需要应用滤镜特效。当制作动画式短视频时，可根据需要选择适宜的滤镜特效进行视频、图像的艺术处理。滤镜图像应用方法如下。

【步骤1】单击主页画面中的"滤镜"图标，然后打开文件库上方的下拉菜单，菜单中有"我的最爱""全部"等类别，我们可以选择"全部"或其他喜欢、适用的类别。然后在文件库显示出的滤镜图标中进行选用，如图3-2-5所示。

图3-2-5　滤镜的各种图案与选用

【步骤2】单击选中的滤镜图案后，再单击播放器的"开始"按钮即可观看该滤镜的效果。满意后，用鼠标左键将文件库中的该图标拖至视频轨中的视频图案上，开始播放观看实际滤镜效果。如果不满意要取消滤镜，则单击"取消"按钮即可。

（四）文字与动画的编辑处理方法

1. 添加标题的方法

【步骤1】单击主页中的"标题"图标，在播放器中出现虚线框，并提示"双击这里可以添加标题"，双击后开始添加文字即可（图3-2-6）。

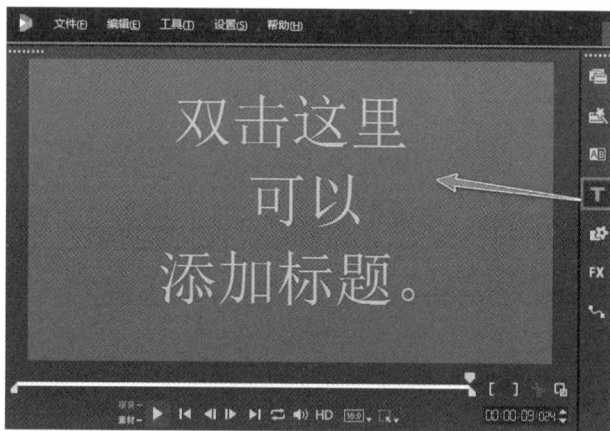

图 3-2-6　添加标题

同时，在文件库中出现编辑框，根据需要选择"多个标题"还是"单个标题"，然后调整添加文字的边框、字号、字体等（图3-2-7）。

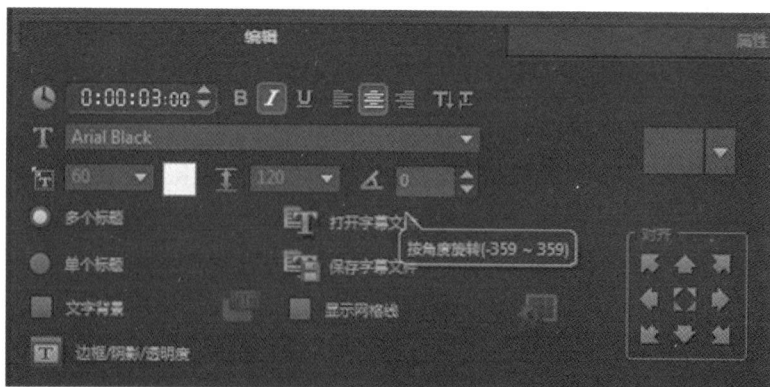

图 3-2-7　修改字幕设置

【步骤2】调整标题的位置和开始结束时间。在播放器中，用鼠标左键可调整标题框的大小和位置。在时间轴的标题轨道上，用鼠标左键左右拖动可调节开始、结束时间。

2. 添加标题动画效果的方法

【步骤1】单击主页中的"标题"图标，在播放器中出现虚线框，并提示"双击这里可以添加标题"，双击后文件库变为编辑框。

在编辑框右侧的"属性"右边有个下拉菜单，打开后，出现多个动画标题图案可供选择（图3-2-8）。将选择好的动画图案拖入覆盖轨上。

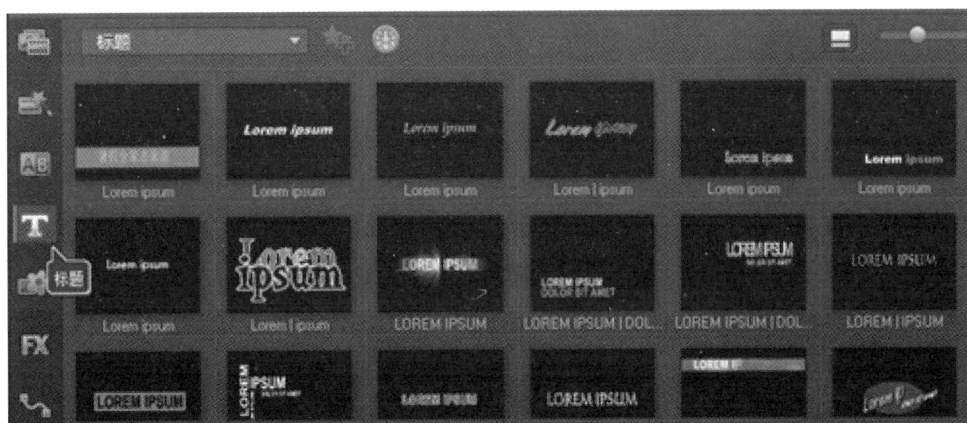

图3-2-8　标题的多种动画效果

【步骤2】编辑标题文字。单击覆盖轨的图标后，在播放器中出现动画图标，双击图标中的英文字幕，删除英文字母，填写需要的标题文字即可。

【步骤3】标题文字字号、颜色以及位置、起止时间等的调整方法，同上述步骤1的添加标题的方法一样。

3. 添加字幕的方法

相较于其他视频后期处理软件，会声会影的添加字幕方法相对简单一些。

【步骤1】打开字幕编辑器。将需要添加字幕的短视频放置在视频轨上，然后单击主页中"字幕编辑器"图标，就能显示出字幕编辑器界面（图3-2-9）

图 3-2-9 会声会影的字幕编辑器

【步骤 2】添加确定字幕行的开头时间点。单击播放开始按钮，同时对照短视频脚本（按行书写），然后将鼠标左键放置在字幕编辑器右上方的"+"增添字幕图标上，开始认真聆听，每说到字幕行的开头字时，快速单击"+"图标一下，直至对应的字幕行全部单击完成。

【步骤 3】添加字幕文字。在上述增添字幕的每一行中输入相应的字幕文字。

【步骤 4】校对更正。字幕文字添加完成后，从头开始播放，并对照检查，发现字幕开始或结束的时间点不合适时，在字幕行中修改对应的开始、结束时间数字即可。

（五）片头与片尾的制作方法

会声会影软件中给出了多个开头和结尾的模版，还有其他一些模版可供选择应用。制作者也可以根据短视频内容的需要自己设计开头、结尾的模版。由于短视频本身时长较短，所以模版的时长在 10 秒左右比较合适。

1. 片头制作方法

【步骤 1】选择应用开头模版。单击主页画面中的"模版"图标后，出现"开始""当中""结尾"等多种类型（图 3-2-10），选择"开始"类型后，出现了多种模版图案。选择其中合适的一种，用鼠标右键单击选择"添加在开头处"，这时，模版（包括模版中的视频、标题、音乐等素材）就被添加在时间轴中的相应轨道上。

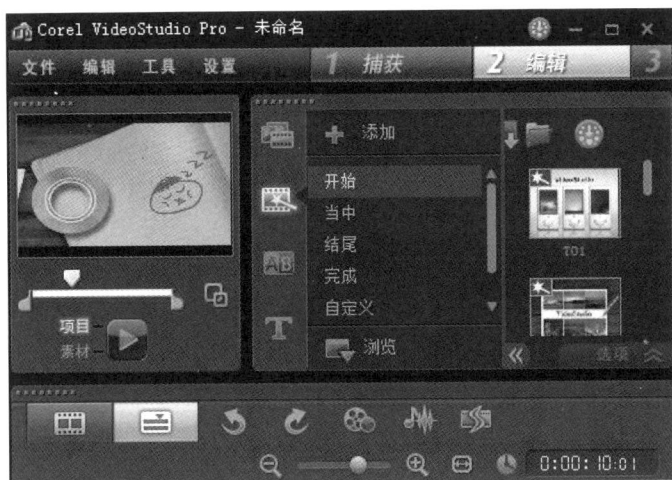

图 3-2-10　会声会影的模板选择

【步骤 2】修改模版中的文字内容。模版中给出的文字一般不适合当前制作的短视频要求，需要进行修改。在时间轴轨道中，单击标题轨上的标题图标，然后双击播放器中出现的标题虚线框，删除原文字后，我们就可以添加需要的文字内容。

【步骤 3】用鼠标左键调整播放器中所添加标题的位置、大小等。然后播放观看是否合适，不合适再适当修整或调整。

调整文字的起止时间、字体颜色、字号等的方法同上述添加标题的方法基本相同。

2. 片尾制作方法

片尾的制作方法和片头基本一样。只是在步骤 1 中，选择好模版后用鼠标右键单击选择"添加在结尾"，其他和上述步骤 2、步骤 3 一样。

3. 模版选用注意事项

（1）模版库中给出的所有模版均可应用于短视频的片头或片尾，不要局限于模版中给出的类型限制，要将模版内容和短视频内容根据一致性、相关性原则进行选择。

（2）当选择的模版时长超过要求的 10 秒钟左右时，可以在时间轴中的相应轨道上应用分割工具将不需要的内容进行分割、删除。同时，要将模版中对应的标题轨、音乐轨中的内容图标结束时间向左拖动，使其与视频轨中的模版结束时间对齐。

（六）输出格式与保存

1.文件保存方法

单击主页面左上角的"文件"窗口，选择"另存为"，在出现的对话框中选择需要保存的文件夹后，在"文件名"栏目中填写该文件的名称，然后单击"保存"按钮即可。

2.常规输出方法

单击主页面上方的"输出"栏目后，出现输出对话框。单击"计算机"图标后，出现"AVI""MPEG-2""AVC/H.264"等多种视频格式，我们主要选择"AVC/H.264"或"MPEG-4"格式，每一种格式都有一个详细的参数数据和应用场合说明，以供选择视频格式参考使用。

确定文件名称、文件保存的地址和文件夹后，单击"开始"按钮，然后等待渲染合成、完成即可（图3-2-11、图3-2-12）。

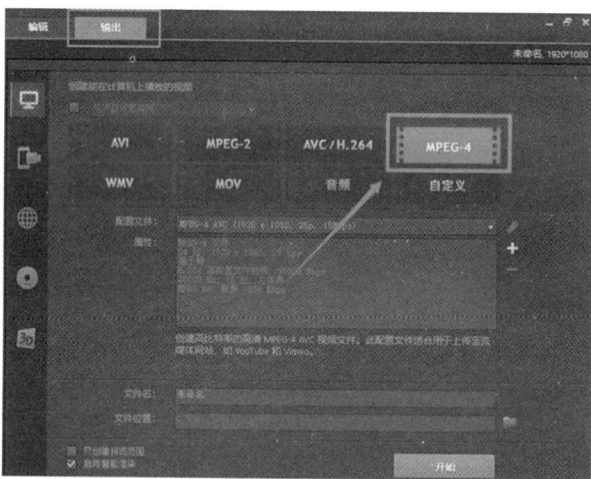

图3-2-11 视频的导出

图 3-2-12 视频的渲染进度条及完成框

二、应用剪映编辑处理短视频

除了在电脑上进行短视频后期处理外，我们也可以在手机、平板电脑上对短视频进行编辑，这种编辑处理方式更为方便、快捷，深受短视频制作者喜爱。

能够对短视频进行编辑处理的 APP 有很多，这里我们主要对剪映 APP 的使用加以介绍。

剪映 APP 操作简单，容易上手且功能强大，含有丰富的片头模板文件和背景音乐文件，具有添加音频、背景、文本、画中画、特效、滤镜等功能，可以实现快捷剪辑；可以对画面比例、饱和度进行调节；可以对音频做简单降噪、变声、变速等处理；可以实现识别字幕、识别歌词、添加贴纸等功能。

（一）认识剪映界面

剪映 APP 首页界面主要分为三部分（图 3-2-13）：

第一部分，开始创作。打开开始创作即可选择视频或图片素材进入创作环节。

第二部分，剪辑草稿和模板草稿管理。可以对之前已导入的视频或图片进行编辑、复制、删除或批量删除、重命名等操作。

第三部分，底部导航。包括"剪辑""剪同款""消息""我的"。

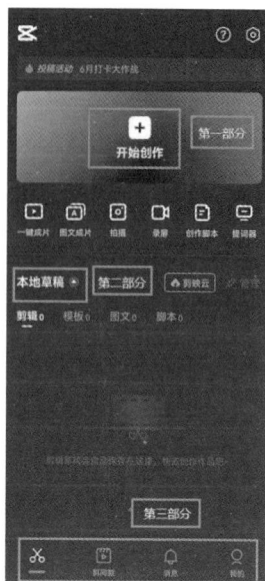

图 3-2-13　剪映界面

（二）学习剪映操作

进入剪映创作页面后，我们可以在最下方对视频进行编辑处理（图 3-2-14）。

图 3-2-14　剪映创作界面

具体操作功能点如下。

（1）添加视频。根据需求，将已经拍摄完成的视频素材进行导入，可同时导入多个素材。

（2）剪辑。根据文案脚本以及视频素材，进行分割、变速、音量控制、动画添加、删除、编辑、添加蒙版、色度抠图等操作。

（3）添加音频。根据文案脚本策划方案，在音乐功能位置，进行添加音乐、添加音效、提取音乐等操作。如果有音乐素材，可以直接导入，如果没有音乐素材，可点击抖音收藏功能，选取抖音平台提供的免费音乐。

（4）添加文本。主要包括新建文本、识别字幕和识别歌词功能（图3-2-15）。

①新建文本：即添加字幕，可对字幕的样式、花字、气泡以及动画效果进行选择操作。②识别字幕：根据视频实际需求，自动识别字幕。并将字幕进行特效处理。③识别歌词：此功能主要针对音乐视频使用，并对歌词进行特效处理。

图3-2-15　剪映添加文本界面

（5）添加贴纸。此功能含有各种人物表情、动植物头像、文字、热门等动图贴纸，可根据视频需求添加。

（6）添加画中画。此功能实现了视频与视频之间、视频与图片之间的叠加和重合使用，可将不同时间、不同地点的素材剪辑在一个屏幕。达到了电脑端剪辑效果。

（7）添加特效。主要包括基础、梦幻、动画、光影、复古、纹理、漫画、分屏、自然、边框等特效功能，可根据实际需求，选择添加。

（8）添加滤镜。滤镜主要是用来实现图像的各种特殊效果，使图像取得最佳艺术效果。主要包括自然、清透、鲜亮、午后、济州、初见、暮色、夏日终曲、蒸汽波、赛博朋克、落叶棕、绝对红、霓虹光、牛皮纸、默片等效果。可根据实际需求添加使用。

（9）添加背景。主要包括画布颜色、画布样式和画布模糊三个功能。可根据实际需求添加。

（10）添加画面调节。主要是对画面的亮度、对比度、饱和度、锐化、高光、阴影、色温、色调和褪色进行调节。

三、应用格式工厂编辑处理短视频

视频的格式多种多样，有时在不同软件中并不兼容，此时就需要通过一款格式转换软件对视频格式进行转换，使短视频后期处理工作进行得更为顺利。常用的视频格式转换软件有格式工厂、狸窝视频转换器等，在此，我们以格式工厂为例，对如何转换视频格式进行阐述。

（一）能够转换的视频格式

格式工厂能够将移动设备兼容格式、MP4、AVI、3GP、RMVB、GIF、WMV、MKV、MPC、VOB、MOV、FLV 和 SWF 等多种视频格式进行互相转换。能自动识别被转换的视频文件的格式，在应用时，我们只需要将转换后的视频格式确定下来即可。

（二）进行视频文件格式转换的方法

我们以某一视频文件转换为 MP4 格式为例，对格式转换方法进行说明，其他格式的转换方法与此基本相同。

【步骤1】确定转换后的视频格式。打开格式工厂软件后，出现如图 3-2-16 所示的主页面对话框。

图 3-2-16　格式工厂主页面对话框的局部

我们可以在这里选择需要转换后的视频文件格式图框。这里，我们单击"MP4"框图后，出现如图 3-2-17 所示的对话框。

图 3-2-17 MP4 格式转化对话框

【步骤 2】确定输出配置。单击"MP4"对话框中的"输出配置"，出现"视频设置"对话框，如图 3-2-18 所示。单击"最优化的质量和大小"右边的下拉菜单，显示出多种质量格式供选择，如图 3-2-19 所示。一般应选择"高质量和大小"。对话框下半部分是该质量格式的具体参数数据。设置完成后单击"确定"按钮。

图 3-2-18 转化格式输出配置

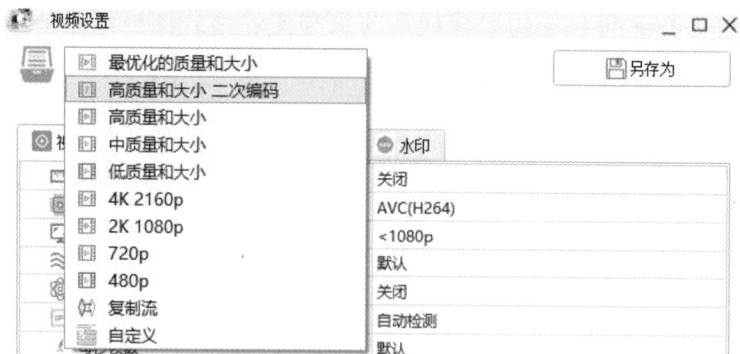

图 3-2-19　转化格式质量选择

【步骤 3】导入需要转换格式的视频文件。在 MP4 格式转化对话框中，单击"添加文件"按钮后，出现"打开"对话框，查找、选择需要转换的视频文件后，单击"打开"按钮。这时，在"MP4"对话框的中间空白栏中出现了需要转换的文件信息。

【步骤 4】选择确定转换后的视频文件保存位置。在 MP4 格式转化对话框的左下角有文件夹图标，点击它，在出现的对话框中选择保存的文件夹后，单击"确认"按钮。这时，左下角出现文件夹路径和文件夹名称。然后，单击 MP4 格式转化对话框中的"确定"按钮。

【步骤 5】开始转换。在格式工厂的主页面对话框中，单击上方的"开始"按钮，即进入转换状态，进度条显示转换进度，等待即可。

转换完成后，会有声音提示转换工作已经完成。

第三节　大数据技术

本书构建短视频教学资源平台主要技术以 Hadoop 大数据平台为中心实现，作为 Apache 基金组织下的开源云计算架构，Hadoop 在数据处理和存储方面有着极其优秀的能力，受到了各界的广泛关注。

受 GFS 和 MapReduce 论文的影响和启发，Hadoop 这项技术得以研发，其系统针对海量数据存储和数据分析进行了针对性研发。HDFS 分布式文件系统被用于大量数据集存储，这个系统采用分布式存储方式，可以将大规模的数据分别存储在大量普通微机上。MapReduce 分布式计算框架则以"分而治之"的思想作为研发的基础，该计算框架可以对大量数据离线批处理计算。作为一个开源项目，以 Hadoop 为中心衍生出了大量开源技术，由此一个富有创新性的 Apache Hadoop 生态系统（图 3-3-1）产生了。

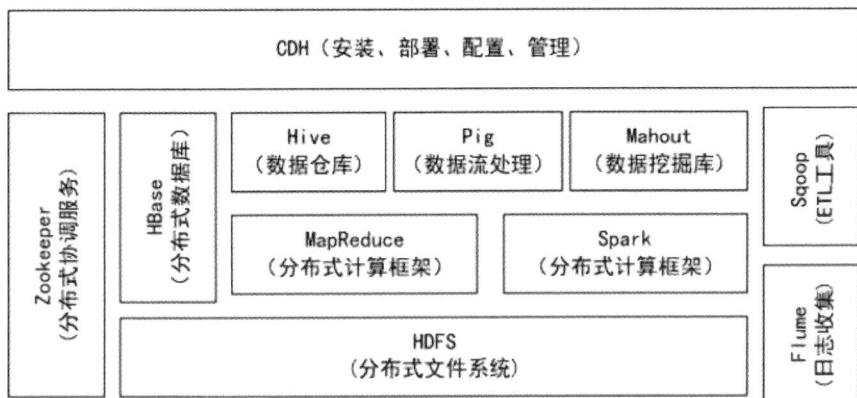

图 3-3-1 Hadoop 生态系统架构

为了满足用户的大量存储需求，传统的存储方式往往要花费很大的代价。随着数据量的不断增长，使用者在维护和备份数据方面也要支付更高的开销。具有强可扩展性的 Hadoop 可以很容易地扩展它的存储空间，并且 Hadoop 可以在多个副本中保存数据，从而改善自身的容错性。除此之外，Hadoop 的体系结构也能被广泛地应用于低配置的电脑中，并能有效地实现高容错的数据存储与运算，为使用者节省了大量的资金。综上所述，Hadoop 不但具有优秀的数据存储性能，而且具有极高的性价比，所以本书以它为基础对大量的教学资源进行了设计，并以设计方案为基础建立短视频教学资源平台。

一、Hadoop HDFS 分布式文件系统

HDFS 是一种分布式、可横向扩展、高可靠性的 Hadoop 自带分布式文件系统，该系统通过 Java 实现。

HDFS 的设计理念是在廉价的硬件集群中存储海量的数据。在出现错误的情况下，节点会在用户没有感知的情况下自动切换，从而达到较高容错率。不仅如此，该系统还具有一次写入和多次读取的高效率访问模式。

HDFS 分布式文件系统包括一个名称节点（NameNode）和多个数据节点（DataNode），属于主 / 从（Master/Slave）关系结构模式。

HDFS 文件系统架构如图 3-3-2 所示。

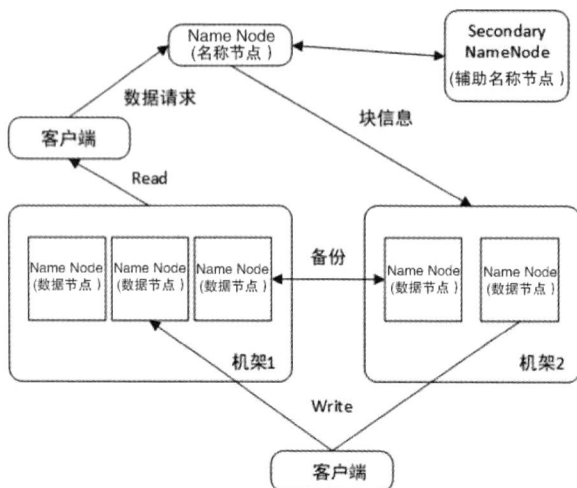

图 3-3-2　HDFS 文件系统架构

一个典型的 HDFS 分布式系统一般都会有一个 NameNode 进程来管理文件系统的命名空间和处理客户端的读取和写入请求，并存储了许多 Metadata 数据。

例如：文件所属者（Ownership）、文件权限（Permission）以及文件包括哪些块（Block），Block 保存在哪个 DataNode 等信息，这些信息会自动加载到内存中。

此外，HDFS 还有许多 DataNode 进程。一般情况下集群中除了 NameNode 外的每个节点都会有一个 DataNode 进程在运行，它被用来管理所在节点上数据存储。

DataNode 中的数据存储方法是将数据按大小划分为多个区块，并将其存储在相应的数据节点中，Block 大小和副本数量取决于 ds.blocksize，并在客户端 Put 文件中设定参数。

值得特别提醒的是，完成文件上传之后无法更改文件的块大小，但文件副本数可以修改。每个 Block 都默认有 3 个副本，在 HDFS1.x 中默认大小为 64 M，在 HDFS2.x 版本中是 128 M。

HDFS 体系架构中有 NameNode、DataNode、SecondaryNameNode 这三个守护进程和若干个客户端。

SecondaryNameNode，即元数据节点，它可以根据配置文件设置时间间隔 fs.checkpoint.peiod 和 editslog 的大小 fs.checkpoint.size，来帮助 NameNode 合并 Edits 减少 NameNode 启动时间，分担其工作量。Client 客户端以块大小参数将数据分为多个 Block，然后将其上传到 HDFS 目录中，同时也可以通过命令对 HDFS 进行管理和访问。例如，NameNode 格式化和对 HDFS 增删改查等。

二、Hadoop MapReduce 分布式计算框架

作为 Hadoop 的核心组件，MapReduce 是一种高效的分布式计算架构，其利用功能化编程与分治的理念，将大型的运算任务分解为 Map（分开）和 Reduce（合并），在数千个结点构成的集群中实现并行运算，使得程序员可以很容易地实现对大量数据的离线处理。

MapReduce 数据处理分为 Split、Map、Shuffle 和 Reduce 四个阶段，MapReduce 运行构架图如下（图 3-3-3）。

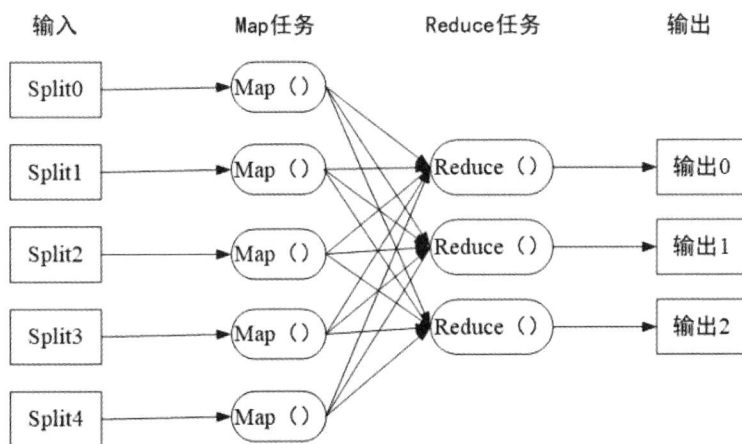

图 3-3-3　MapReduce 运行架构

MapReduce 在执行的过程中，原有数据会被分割成若干个切片（Split），默认情况下一个 Split 对应一个块，作为一个 Map 的输入。

Map 任务在处理记录时会产生一个新的中间键 / 值对，利用 Map 功能将数据转换为不同的数据块，为了达到分布式计算的目的，将其分配到各个节点进行处理。

在 Map 阶段之后，为确保所有 Reduce 任务的键值对输入顺序已排好，集

群需要对 Map 任务进行转换和排序，将处理后的任务进行输出执行，并作为 Reduce 任务的输入端，这个过程就叫 Shuffle，它是 MapReduce 中最重要的执行步骤，该步骤要在处理 Reduce 任务之前执行。

Shuffle 阶段时 Map 输出的一组无序任务会转化成有序任务，数据会传递给 Reduce 任务运行的节点。Shuffle 横跨 Map 端和 Reduce 端，前者包括从内存到磁盘写数据的 Spill 溢写过程，后者包括 Copy 过程和 Sort 过程。

Reduce 任务在所有的 Map 任务结束之后对数据进行合并计算，对 Shuffle 阶段后所有键值对进行处理，处理结束后返回客户端，最后由 Output 输出。

三、Hive 数据仓库技术

Hive 是一种基于 Hadoop 和 MapReduce 的开源数据仓库分析系统，其核心功能是对存储在 HDFS 中的大量结构数据进行分析，能够根据数据的结构将数据文件组织起来，并将其映射到数据库中的表格中，类似于 SQL 的语言读、写、管理分布式存储的大数据集。

Hive 的数据分析其实就是解析、转化 HQL 语句，最终产生一套以 Hadoop 为基础的 MapReduce 任务，并在 Hadoop 集群中执行来实现数据处理。该方法可以让不熟悉 MapReduce 的使用者使用 HQL 语句进行数据查询、分析和汇总。

与传统的数据仓库相比，Hive 能够对海量的数据进行处理和存取，并且具有很高的容错率。Hive 现在是 Apache 的一个成功项目，许多企业和机构都将 Hive 作为一个重要的数据仓库分析工具（图 3-3-4）。

用户向 Driver 提交了查询任务后，编译器 Compiler 会获取用户的任务计划，并根据计划从 Meta Store 中获取所需 Hive 元数据，然后对该任务进行编译。按照顺序将 HQL 语句转化为抽象语法树，再转化为查询语句块，再转化为逻辑查询计划，最后提交到 Driver。Driver 提交计划到 Execution Engine，获得元数据信息，再提交到 Job Tracker 或者 Source Manager 运行该任务，该任务会直接从 HDFS 中读取文件并进行相应的操作，取得并返回执行结果。

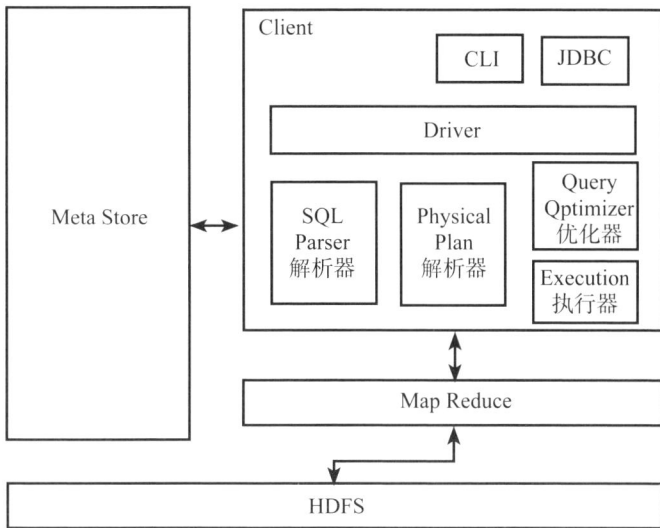

图 3-3-4　Hive 架构图

四、ZooKeeper 协调系统

ZooKeeper 是 Apache 基金在 Hadoop 项目中的最高级子项目，作为一个稳定的、大规模分布式应用的协调系统，ZooKeeper 能够很好地完成配置维护、命名空间服务、分布式并发同步等任务。

ZooKeeper 主要是在分式应用系统中实现协作业务，并为其提供多个方向的集群调度操作。

ZooKeeper 被设计成可以轻松介入多种编程语言（如 Java 语言或者 C 语言），实现了类文件树结构的数据模型（图 3-3-5）。

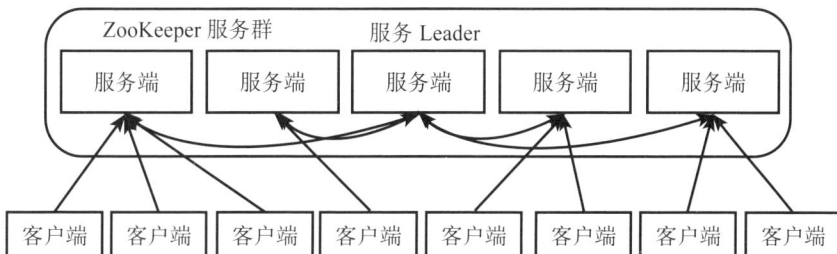

图 3-3-5　ZooKeeper 服务体系结构

ZooKeeper 在教学资源平台中负责在分布式数据库 HBase 中选取主节点

（HMaster），是保证整个集群正常运转的关键环节。该算法采用层次结构的命名空间规则，实现了分布式系统之间的协作。一系列数据寄存器组成这些命名空间，这些数据寄存器被称作 znodes。

znodes 类似于文件系统中的文件和文件夹。但区别于文件系统的文件存储在存储区的形式，ZooKeeper 的数据存储在内存上，因此 ZooKeeper 具有高吞吐、低延退的特点。

ZooKeeper 具有高效率、高可靠性和有序访问功能。高性能保证了其能在大型的分布式系统上应用。高可靠性确保了一个节点的失效不会引起任何问题。有序访问能保证客户端可以同步实现复杂操作。

ZooKeeper 中的不同的服务器需要能够互相通讯。他们将操作日志和服务器状态保存在内存中，并且持久化快照。少数服务器的故障或失效不会引发大问题，因为大多数服务器可用则 ZooKeeper 可用。

第四节　个性化推荐技术

个性化推荐是指通过分析用户的行为习惯，为用户的个性化需求提供必要的信息和服务，使短视频教学资源平台的中心从"平台"转向"用户"。目前，有许多算法用于推荐系统，主要有以下几种：基于人口统计学的推荐算法、基于关联规则的推荐、基于内容（Content-based）的推荐、基于知识的推荐、基于效用的推荐、基于协同过滤（collaborative filtering）推荐、基于模型推荐及其他推荐等。本书深入地学习了多种算法，并进行了大量的试验，尝试将多种推荐系统的算法有机地结合起来，为短视频教学资源平台用户提供个性化的视频推荐服务，模型结构如图 3-4-1 所示。

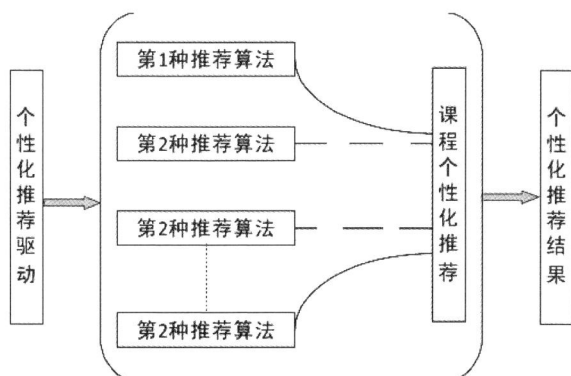

图 3-4-1 个性化推荐算法集合模型

接下来，我们将介绍一些主要的推荐算法。

一、基于人口统计学的推荐算法

从人口学的角度来看，基于人口统计学的推荐算法是一种非常出色的推荐机制，其核心就是通过用户基础数据确定相关信息，再通过收集到的数据预测出用户感兴趣的短视频，并给出相应的推荐。具体工作原理如图 3-4-2 所示。

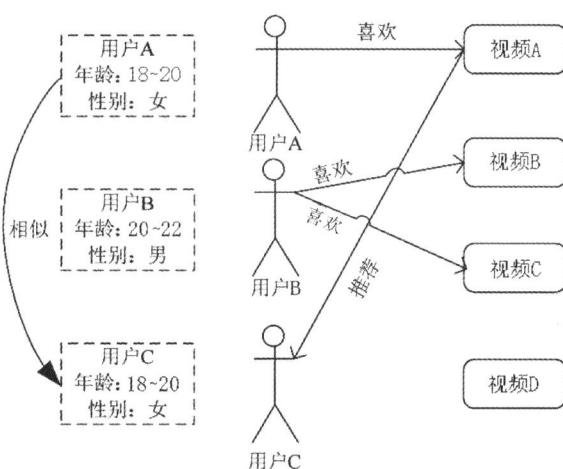

图 3-4-2 基于人口统计学的推荐机制基本原理

由图 3-4-2 可知，系统会对不同用户完成相应的建模工作，模型包括名称、姓名、年龄等基本信息，以这些资料作为基础来判断用户间的相似喜好偏向。如果两个用户之间存在相似偏好，则判断两个用户为相似用户，即推荐系统中的"邻居"。当推荐系统获取信息后，会将"邻居"喜欢的项目推荐给目标用户，如图中所举例子，用户 A 和用户 C 为相似用户，用户 A 喜欢的视频 A 便会推荐给用户 C。

但这种推荐方法也有缺点，那就是如果使用者的基础资料不完整，或者有错误的话，就会出现相关的问题。这种方法实际上很粗糙，尤其是在条件很苛刻的情况下更难成功，基本无法达成预期效果。如果短视频教学资源平台无法获得用户的一些隐私信息，没有这部分数据作为支持的话，教学效果定当大打折扣。

二、基于关联规则的推荐

关联规则的挖掘算法是从 Apriori 和 FP-Growth 中产生的。这种推荐系统主要是寻找彼此相关的规则。关联规则推荐是在关联规则的基础上，以已经购买的物品为规则头，以规则体为推荐对象。关联规则能够挖掘出消费者所需的相关信息，并在大型超市中获得了广泛的应用。关联法则，即购物篮分析，是指在一个庞大的交易数据库中统计售卖出某些物品的买卖中，有多大的概率在同一时间内卖出了其他物品。在短视频学习平台中可以有如下具体运用：如果一个视频被大量用户观看、收藏、下载，那么这些视频就会被收集起来推荐给其他用户。实际应用中的这种方法转换效率很高。例如，当用户多次观看某个视频时，该视频集合将会多次推荐给该用户。

基于关联规则的推荐算法虽然简单、容易理解、数据要求低，但也存在着一定的局限性。

（1）计算环节过多，压力过大，须离线完成计算。

（2）热门视频会被多次推荐，容易产生视觉疲劳，导致用户失去关注和兴趣。

三、基于内容的推荐

个性化推荐算法中使用最早的就是基于内容的推荐技术。该推荐技术无需用户评价，利用人工智能、数理统计等知识从用户历史使用的资源中得出用户偏向喜好。它的基本思路就是从用户的喜好中提取出一些特性，按项目属性相似度划分，并基于用户的历史数据进行分析和推荐。可分为两种方法，启发式和基于模型。在推荐时，基于内容的推荐不需要对其他用户的行为有所参考，因此能有效避免协同过滤技术中的"冷开始"和"稀疏性"问题。内容推荐是当前最流行的一种推荐算法，它的主要目的就是将不同的视频和内容之间进行联系，然后根据用户的喜好来进行推荐。具体工作原理如图 3-4-3 所示。

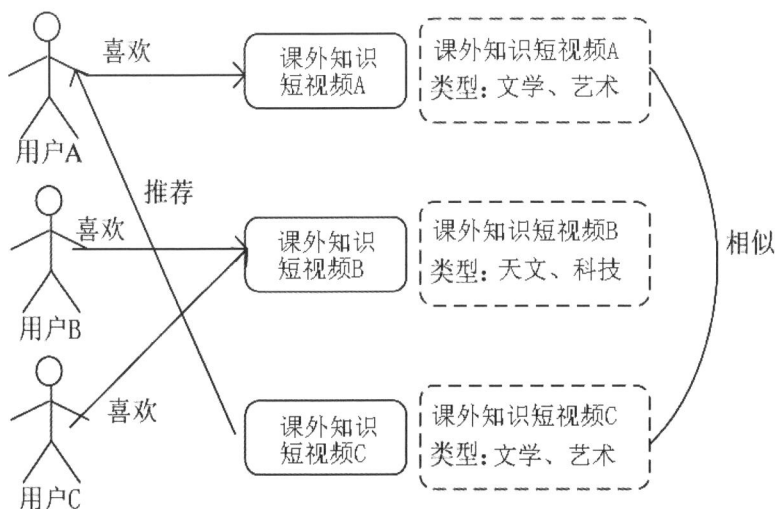

图 3-4-3 基于内容的推荐机制基本原理

例如，在课外知识推荐系统中，先将视频数据建模，再对课外知识类型进行定义，之后根据相似度划分类型（如文学与艺术类、天文与科技类），最终实现分类推荐。

基于内容过滤的方法具有操作简便、速度快、结果易于解释等特点。它的不足之处在于过于特化，使得以内容为基础的推荐系统不能从根本上发掘到意外的信息，同时也需要有较好的结构。实际应用中该方法的缺点还有需要将与视频相关的数据进行分类，以完成分析和建模，这样就会给分析带来很大的压力。而且为了保证在推荐过程中能够有效地找到相关的内容，必须将关键字或标记用于视频。不仅如此，在处理视频相似度的时候，只能根据视频本身的情况来判断，而不能兼顾到使用者的主观能动性和感受。所以，为了达到合理的优化和完善，需要对其进行更进一步的研究。

四、基于知识推荐

基于知识推荐（Knowledge-based Recommendation）是一种推理（Inference）技术，以知识作为基础而不需要评分数据，其强交互性的特点会使得会话内容有明显区别。支持推理的知识表征可以是用户需求。搜索引擎可以很好地体现这一点。例如，用户在搜索引擎中输入的关键字本身即用户需求的投射，系统所给出的推荐则包含了该需求的内容。效用知识（functional knowledge）是关于对象如何满足特定用户的知识，其能够对需求、推荐之间的关系做出解释，因此被用于推荐系统。效用知识在推荐系统中必须以机器可读的方式存在（ontology 本体知识库）。例如，quickstep and foxtrot systems 使用关于学术论文主题的 ontology 本体知识库向读者推荐。

五、基于效用的推荐

基于效用推荐的背景数据项目特征（即属性），通过多属性效用理论（Multi Attribute Utility Theory，MAUT）得出用户的效用函数，采用效用函数计算项目效用，对用户推荐效用大的项目。基于效用推荐的效用计算中包含非产品特性，如提供商的可靠性（Vendor Reliability）和产品的可得性（Product Availability）等。该系统还具有无冷启动和稀疏问题，对用户偏好变化敏感的特性。缺点是用户在使用该系统时必须输入效用函数，这限制了该系统的应用，因此只在少数辅助计算中有所应用。

六、基于协同过滤的推荐

协同过滤推荐（Collaborative Filtering Recommendation）的目的是给用户推荐符合其偏向喜好的项目。通过寻找到和目标用户拥有相似偏向喜好的用户，再将这批相似用户的偏向喜好项目推荐给目标用户。同理，不符合偏向喜好的项目也可以通过相同的方式来避免推荐。

与基于内容过滤的推荐方式不同，基于协同过滤的推荐方法并非针对内容分析来进行推荐，而是针对目标用户，通过对目标用户的偏向喜好分析，在用户群体中找到拥有相似偏向喜好的相似用户，再对相似用户对某些信息的评价进行数据量化处理，以此作为目标用户对这些信息的喜好程度的判断依据。通常情况下，协同过滤算法会在巨大数据库中计算搜索出和目标用户最接近的 N 个相似用户，再对这些相似用户进行相似度计算，最终按照相似度的顺序来进行推荐。要想确定用户与哪些用户偏向喜好类似，有很多方法有所帮助，可以将相似人群的选择组合排列起来。

当前科学技术已走上全新高速发展道路，互联网信息技术取得突破性进展，Web2.0 发展良好，总体表现更加完善。协同过滤推荐算法诞生于此背景下，该算法根据用户多方面多维度的分析来做到协同过滤。

在短视频教学资源平台，该算法具体运用的方法为：以用户对视频的偏好或满意度作为标准，将视频中的信息和特征进行总结和延伸，根据不同用户的不同选择行为进行归纳，找出视频与用户之间的相关性，最后针对相关性进行相关推荐。

该算法可以根据不同的实际情况分为两种，即基于项目、基于用户的推荐（Item-based Recommendation、User-based Recommendation），具体说明如下。

（一）基于用户的协同过滤推荐

根据用户的偏向喜好来寻找相邻用户，然后向该用户推荐相邻用户所喜爱的内容。因此称之为基于用户（User-based）或基于相邻用户（Neighbor-based）的协同过滤推荐。整体来说，具体实现需要以下几个步骤。

（1）获取用户偏好

第一步要对用户的偏向喜好信息进行收集和获取。通常采用评估方法来获得用户的偏向喜好信息，获取方式 分为两种，一种为"主动评分"，即需要用户主动操作；另一种为"被动评分"，即用户无须主动进行操作，而是以用户的使用习惯作为基础，将其转化为相关信息。许多购物网站在获得被动评分方面比较简单，消费者在购买商品时会生成大量的浏览数据。

（2）最近邻搜索（Nearest neighbor search，NNS）

从基本假设出发，偏好喜爱相似的用户也会具有相似的偏好喜爱项目上的评分情况。因此相似偏好的用户之间的相似度可以被计算出来。例如，当前用户拥有 N 个相似偏好的用户，将这 N 个用户对偏好项目的评分进行相似度计算，随后将计算结果按照高低顺序来推荐。具体的实际使用情况不同，所使用的的算法也会不同，当前相似度算法使用最为广泛的算法有 Pearson Correlation Coefficient、

Cosine-based Similarity、Adjusted Cosine Similarity。

（3）产生推荐结果

根据偏好获取相似用户之后，需要推荐给用户相似的偏好项目。不同实际使用情况下所使用的推荐结果策略也会不同，当前使用最为广泛的推荐方法有Top-N 推荐和关联推荐。Top-N 推荐是指在 N 个用户中统计喜好项目出现的频率，按照目标用户中未出现过的喜好以从高到低的顺序进行推荐。关联推荐是指利用N 个用户的评分建立关联规则，再根据当前用户已有偏好进行推荐，如消费者购买了某种商品，那么他们还会再买些别的东西。

该推荐机制的核心原理是以用户喜好为基础，找出相似喜好的用户，将大量的相似用户进行科学计算和分析工作。短视频资源教学平台中的具体运作基本原理如图 3-4-4 所示。

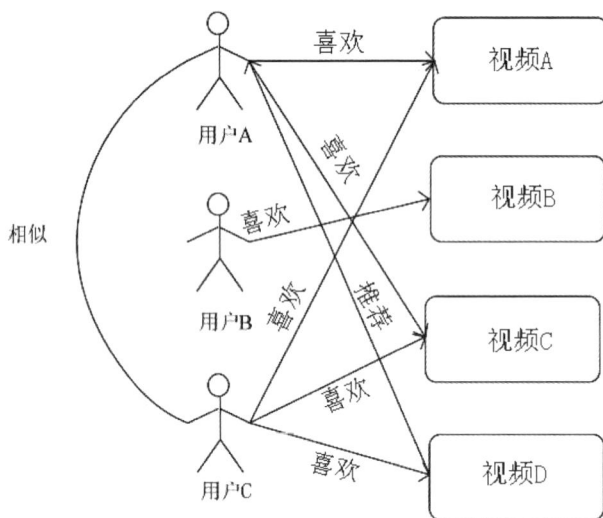

图 3-4-4 基于用户的协同过滤推荐机制基本原理

由图可以对该算法的工作原理有一个清晰的认知。例如，用户 A 喜欢视频 A、C，用户 C 喜欢视频 A、C、D。由于用户 A、C 都喜欢视频 A、C，可以得知两位用户的偏爱喜好基本类似，因此可以向用户 A 推荐同样被用户 C 喜欢的视频 D。

利用这个推荐机制，可以针对用户的特点，更深入地激发用户的喜好，充分考虑用户和视频之间的相似性，最大限度地满足用户的需要，提高服务质量。我国当前领先的引擎产品今日头条所使用的推荐算法就是基于用户的协同过滤推荐。除此之外，我们同时也要基于项目进行协同过滤推荐。

（二）基于项目的协同过滤推荐

当用户数据增多时，基于用户的协作过滤会产生大量的计算，这就导致了更多的计算时间，所以 Sarwar 于 2001 年设计了基于项目的协同过滤推荐算法（Item-based Collaborative Filtering Algorithms）。基于项目的协同过滤方法和基于用户的协同推荐算法有一个相似的假设"用户可能会喜欢之前他喜欢的物品相似的项目"，通过计算项目的相似度，以取代使用者的相似度。整体来说，有以下几个步骤。

（1）获取用户偏好

同一用户为基础（User-based）的协同过滤。

（2）项目的最近邻搜索

将曾经喜好过的项目与待推荐的项目进行相似计算，对相似度进行加权平均得出评分，最后按照从高到低的顺序依次推荐。

（3）产生推荐结果

基于项目的协作过滤算法具有计算简便、易于实时运算的特点，项目得分比用户的稳定性更好，尤其适合用户数量远远超过项目数量的情况。除此之外，协作过滤算法还具有良好的可解释性。例如，在购物系统中，使用者可以通过推荐系统来感知自己的喜好，而当使用者在购物车中更换商品时，系统就会根据购物车中的信息进行相应的调整。

从工作原理角度出发，两者是相互联系的、相互影响的。但与前者不同的是，它对用户喜好程度的权重更高，将类似于用户喜好的视频大量整合来进行推荐。在短视频教学资源平台中的具体工作原理如图 3-4-5 所示。

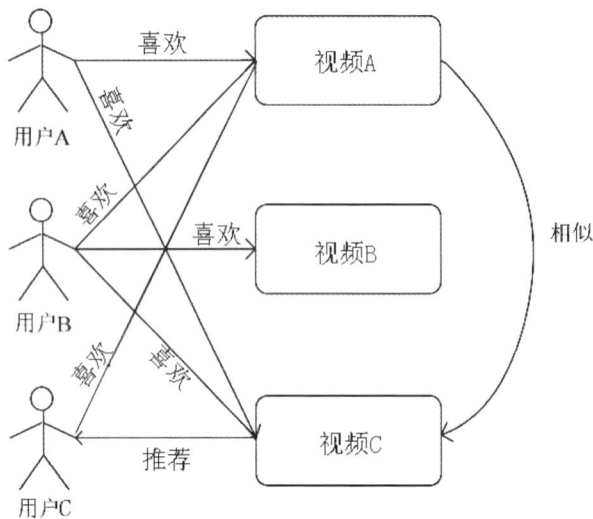

图 3-4-5　基于项目的协同过滤推荐机制基本原理

从图中可以得知，用户 A 喜欢视频 A、C，用户 B 喜欢视频 A、B、C，用户 C 喜欢视频 A、C。综合来看，视频 A、C 都被三位用户所喜欢，以此为基础，视频 A、C 被推荐的优先级就会很高。

总而言之，以用户的角度出发，以下为协同过滤系统的优点。

（1）能筛选出无法自动进行内容分析的信息。

（2）筛选建立在某些复杂而难以表达的基础之上。

（3）新奇推荐功能，推荐给用户未接触过但被相似用户喜好的内容。

（4）高程度自动化推荐。

尽管协同过滤技术是一种很好的推荐算法，但是其缺点也很多。具体来说，以下几项内容为协同过滤技术的主要问题。

（1）新用户问题（New User Problem），系统开始时推荐质量较差（冷启动问题）。

（2）新项目问题（New Item Problem），质量取决于历史数据集。

（3）稀疏性问题（Sparsity）。

（4）系统延伸性问题（Scalability）。

第四章　教学资源平台的构建

本章为教学资源平台的构建，主要分为三部分内容，分别为教学资源平台的建设原则与规划、教学资源平台的构建细则以及学习平台移动终端的建设。

第一节　教学资源平台的建设原则与规划

一、教学资源平台建设原则

短视频教学资源为教育注入更多新鲜动力，随着短视频教学资源越来越丰富，有效管理成为当前迫切要求。首先是各类学习内容以及资料的存储管理要提高效率；其次，对于各种使用者来说，存取功能要操作简单、方便快捷；最后，建立资源访问效果的评价与分析系统，根据需求优化教学资源，提高教学资源的使用效率，促进实际教学系统的发展。教学资源管理系统在设计时应当遵循的原则有以下几点。

（一）实用性

实用性是所有系统平台设计与开发的基本原则。短视频教学资源平台的短视频教学资源平台的使用者大多数是学校的师生，采取什么样的方法可以让使用者简单快捷地查找到自己所需要的教学资源，是系统设计者考虑的首要问题；同时，平台的功能既要与教学和师生的实际使用需求相符合，也要满足教师和学生的个性化使用需求。

平台功能如果过于强大可能会导致操作复杂、繁杂，因此在教学系统平台设计上符合教学需求即可，也要考虑到教学需求发展的因素，在设计教学系统平台时预留接口扩展的功能。

（二）兼容性

教学资源平台构建时要采用先进、适用的技术进行开发和建设。兼容性不仅要保障平台对各种数据类型的兼容，在设计时还要具有前瞻性，在使用平台的 5 年以内，不能因为教学资源数量的增加而调整网络结构、设备和技术；同时，在设计时应当考虑好用户的使用需求以及使用环境，避免技术过于先进导致投资浪费。

（三）易用性

教学平台开发要把"以人为本"作为最高理念，不能一味地追求"高大上"的功能，帮助教学管理者实现网上教学和管理的任务，要将平台上的工具简单化，为平台的各类用户提供简单便捷的操作模式，体现平台的易用性。这样既帮助了教学管理者顺利开展教学工作，又促进了教师和学生共同学习。这就要求教学平台在设计时要把用户体验作为最重要的考虑因素。

（四）维护性

网络最大的优势之一就是可以做到资源共享。教学资源平台在设计过程中也要利用这一优势，设计出开放式的教学资源平台，所有能在网上运行的视频内容与文件格式在平台上也要能够运行和存储，为各类用户提供一个良好的网络环境与氛围。教学资源数量不断增加，平台的维护是开发者要考虑到的重要因素，因此要为平台管理员设计出易于维护的界面，平台管理员可以简单快捷完成日常维护工作。

（五）安全性

教学资源平台依靠数据库管理等多种操作技术来实现其安全性，如权限管理的设计、日志文件的存储等。实现教学平台运行平稳、安全目标，首先成熟的软件和网络技术是不可或缺的，同时教学平台中教学资源的来源与内容，需要通过系统管理员的审核才能将教学资源发布在平台上。

二、教学资源平台开发目标规划

目前，互联网与 Hadoop 分布式存储技术已经逐渐完善，给设计师在构建平台时提供了许多技术支持，比如可以使用基于 Hadoop 分布式大数据存储架构的技术构建短视频教学资源服务器端，还可以采用 B/S 体系架构技术构建平台的客户端。

（一）总体目标

短视频教学资源平台的总体目标主要包括：为各类使用者提供以短视频为载体形式的教学资源；要根据使用者的习惯和特点为其推荐各种感兴趣的资源，帮助师生完成在线学习的任务；将传统的教学资源移植到平台上；分析和管理教学资源的各类数据；资源数据及时更新与监控。

（二）具体目标

短视频教学资源平台注重教学资源的分布式存储管理，正如前文所述，实现其功能可以使用 Hadoop 技术来构建平台，同时要实现以下具体目标。

1. 实现高效性

在构建平台的过程中要考虑 Hadoop 文件服务器的性能，比如，可以采用减少文件被访问次数的方法来缓解用户访问 Hadoop 文件服务器的压力，基于 Hadoop 文件服务器的技术特点，可以考虑采用 Linux 操作系统支持其运行。文件的元数据在存储时会占用几百个 G 的空间，有的存储量甚至可以到 TP 级，很难一次性加载到内存，基于这种情况，可以考虑采用 HBase 分布式数据库的技术来存储文件的元数据以及绝对地址等。

2. 保证快速访问

当有较多用户一起访问平台时，客户端访问效率会降低，经常会出现掉线、卡顿等现象，影响用户的使用体验。教学资源平台在进行构建过程中，应当考虑用户并发访问大文件时的情况，保证客户端运行平稳安全。

Hadoop 是基于 java 为基础开发的分布式存储计算平台，现在还存在一定的局限性，比如在对大量的小数据进行存储与访问的过程中就会出现一些技术问题，针对这类问题，教学资源平台系统需要将已有的小文件进行合并，同时还要设计出一套方便小文件读与写的操作方案，满足各类用户对资源数据的存储、获取与分析的需求。

3. 具有极高数据容错性

资源文件是系统最重要的数据，如果系统的各类资源文件丢失，用户就不能正常使用该系统，也无法保障系统平稳正常运行。教学资源平台系统是将资源数据采用分布式存储的方式，存储在各大云服务器的节点之上。这种情况可能会导致系统在运行过程中，因为某些原因单点服务器不能正常运行。基于这种情况，设计师必须设计出优秀的预防方案，可以保证该系统在出现故障时，可以及时将损失的数据进行恢复，保证系统平稳安全。

三、教学资源平台功能规划

（一）总体功能规划

1. 方便有效的导航功能

导航功能是为了帮助用户更好的浏览客户端页面，从而找到自己需要的资源数据。同时在客户端关键位置设置帮助功能，帮助用户更好地使用教学资源平台。

2. 实用的搜索功能

教学资源平台应该为用户提供强大的搜索功能，帮助用户查找各类资源数据。

3. 个性化的推荐功能

网站应根据学生的兴趣和需求，为学生推荐相关短视频，实现更为精确化的教学服务。

4. 完备简便的更新、维护、管理功能

基本的维护、管理功能是教学资源平台必须具备的。系统的维护和管理功能应当操作简单便捷，从而帮助平台管理者完成日常维护的任务，同时优化维护和管理控制面板，使网站维护与管理工作简单化，以便一些缺少 Web 知识与工作经验的管理员也可以轻松完成该任务。

5. 可移植的、模块化的解决方案

教学资源平台在网站的整体搭建以及在具体栏目的实施上，采用模块化的解决方案可以在平台增加资源数据时提供良好的接口以及扩展能力，传统教学资源数据也可以移植到平台上，大量的函数也可以实现零改动移植，为教学资源平台未来的拓展提供技术支持。

（二）具体功能规划

1. 教学资源收集

教学资源平台中原始资源的获取渠道主要包括授权用户上传、传统资源库迁入以及用户行为分析。其中，授权用户上传是原始资源的重要组成部分，当用户得到平台管理员授予的上传权限时，就可以根据操作提示到指定页面进行上传。

（1）用户在上传资源时应当按照资源类型分类进行上传，如果不按此操作上传，用户上传的资源会被系统拒绝，并提示用户拒绝的原因与解决方法。

（2）如用户上传的短视频资源不符合审核要求，审核人员会拒绝该资源，使其无法加入资源库。

（3）如用户上传的短视频资源通过审核，则在加入资源库后，被划入相关类别，继而根据质量情况划分等级。

在构建教学资源平台的过程中，为了避免短视频资源的重复建设，对于已有的短视频资源要充分利用，从而减轻短视频教学资源平台的建设任务与工作量。比如可以将传统资源库数据移植到短视频资源平台。

2. 教学资源存储

短视频资源平台应当将获取的原始资源根据资源类型进行分类，然后再进行存储、管理、分析等工作。存储工作应通过 Hadoop 集群方式将各种教学资源进行分布式存储，为了保证存储工作可以安全可靠的完成，需要将存储在 Hadoop 集群上的教学资源进行备份并放置副本，避免一部分用户在使用教学资源时，因为 Hadoop 集群方式不稳定出现故障，导致教学资源丢失。

3. 教学资源使用

用户在使用教学资源平台可以根据平台赋予自身的权限，合理使用各种教学资源以及数据。比如在线观看短视频，下载教学资源，评价使用感受等。

教学资源平台主要目标就是让用户可以简单快捷的使用教学资源，通过各种渠道与途径完成教学资源收集与存储的工作也是为了实现这一目标。各类用户使用教学资源的方式方法主要包括以下五点。

（1）资源列表

资源列表一般出现在用户客户端操作界面的首页，可以帮助各类用户对平台上的教学资源有一些初步了解，通过资源列表可以实时查询到各类资源目前的使用情况和上传下载情况。比如通过资源列表可以看到热门教学资源、用户自己上传的教学资源等信息。

（2）资源预览

用户在寻找需要的教学资源时，可能会因为平台的资源太多导致用户无从下手，没办法找到自己所需要的教学资源，通过资源预览技术可以解决这个问题，用户只需要通过查看教学资源简介或预览教学资源部分内容，就可以判断是否是自己所需要的资源，从而缩短用户寻找教学资源的时间。

（3）资源搜索

教学资源平台会根据用户提出的各种搜索条件对教学资源进行快速检索，同时平台为了保证用户搜索到的资源安全可靠，对存储在 Hadoop 集群上放置了副本，集群可以通过一定的算法自动寻找相关资源节点或资源副本节点，从两者中选择读取时间延迟低的节点的方式节省用户等待时间，最终显示在用户客户端的界面上。

（4）资源收藏

教学资源平台为了用户能够获取与使用自己常用的教学资源，用户可以将常用的教学资源存储于自己专属的资源库中，可以及时对常用教学资源进行浏览与操作，减少了用户的操作时间，提升了用户操作感受。同时平台会将用户使用过的教学资源收集，并要求用户进行评价，从而分析出用户需求教学资源的类型与内容。

（5）资源推荐

教学资源平台为了更好地满足用户对教学资源的需求，平台会通过用户填写的偏好设置信息、浏览资源页面等用户行为进行数据分析，同时平台会将用户使用过的教学资源收集起来，并要求用户进行评价，从而分析出用户需求教学资源的类型与内容，采用通知、信息等方式推荐给用户。

4.其他辅助功能

（1）注册登录：其主要功能是帮助用户完成账号注册；将用户个人信息导入平台管理系统；帮助用户完成偏好信息录入；帮助用户登录平台。

（2）监控统计与分析：其主要功能是将用户对教学资源的使用情况进行监控与分析，使平台管理员可以根据数据分析情况对教学资源进行审核，同时也帮助管理员完成系统的维护与管理。

（3）互动交流：其主要功能是为了促进用户之间的沟通交流，主要形式有以下三种：第一种为互动论坛，利用教学资源平台为教师和学生构建一个各学科学习、教学、讨论的网络环境；第二种为校园邮件，利用教学资源平台为用户提供校园邮件服务，促进教师和学生之间的互动交流；第三种为即时通信，利用教学资源平台可以完成各类用户之间在线信息传递。

在这里，我们采用图例的方式，分为整体视角和具体用户视角，对具体功能规划进行进一步阐述。

从整体视角来看，短视频教学资源平台具体功能规划如图 4-1-1 所示。

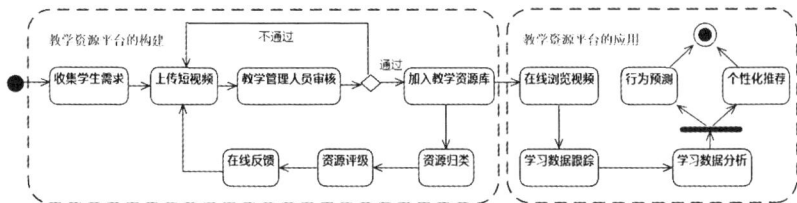

图 4-1-1 整体视角下短视频教学资源平台功能规划

根据用户特点，教学资源平台用户可分为以下四种角色：学生、教师、管理员和游客。在此，我们主要针对前三者进行分析。

（1）学生角度的功能规划

学生作为教学资源平台的主要参与者，同时也是教师开展教学活动的对象。学生根据自身的学习状况与需求，在教学资源平台寻找并获取自身需要的教学资源，从而提高自身的学习成绩和效率。

学生对平台具备的功能需求如图 4-1-2 所示。

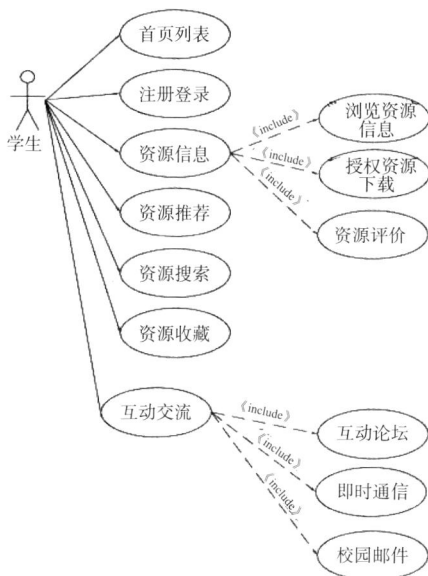

图 4-1-2 学生角度功能规划

（2）教师角度的功能规划

教师是教学资源平台的主要使用者之一，教师在开展教学过程中要完成知识的传授，教师掌握着许多的学习资料与教学资源，因此，在平台上传教学资源也是教师的任务。同时教师还可以利用教学资源平台以及上传教学资源的方式，来实现对教学课堂的课外扩展。

教师对平台具备的功能需求如图 4-1-3 所示。

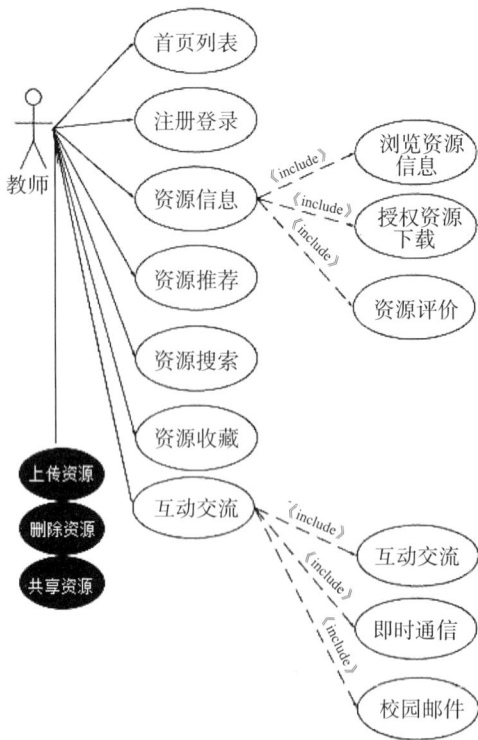

图 4-1-3　教师角度功能规划

（3）管理员角度的功能规划

系统管理人员是教学平台的管理人员，管理员希望教学平台实现对不同用户的管理。

系统管理员对平台具备的功能需求如图 4-1-4 所示。

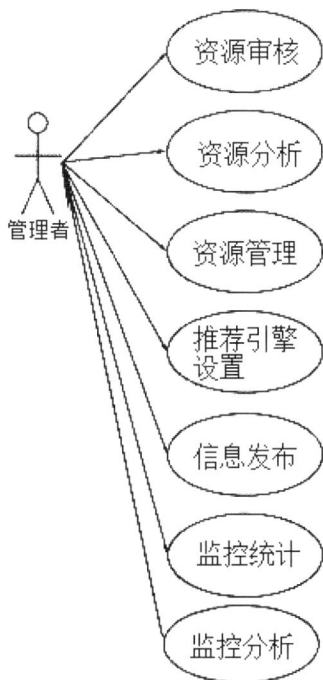

图 4-1-4　管理者角度功能规划

最后还需明确的是，在本节的功能规划中，遵循以下的设计原则：实际使用者不直接和 Hadoop 进行交互。虽然整个教学资源平台是建立在 Hadoop 之上，但是用户不会直接和 Hadoop 进行交互，用户面对的只是前端的界面。这样，该平台的用户不需要学习 Hadoop 的使用，也不会因为对 Hadoop 平台误操作而产生整个系统的错误甚至崩溃。前端可视化功能模块，主要用于教学资源平台与终端用户的接口，使用户可以直观、快捷地使用教学资源平台。由于教学资源平台使用 B/S 结构，因此本模块的设计主要考虑用户如何通过浏览器或移动终端更好地访问教学资源平台。

总的来说，本书所规划的短视频教学平台具体功能模块如图 4-1-5 所示。

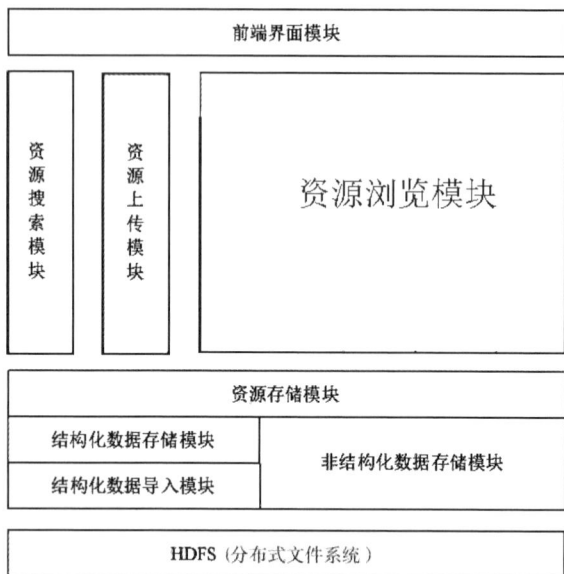

图 4-1-5 短视频教学资源平台功能模块

四、教学资源平台性能规划

用户数量大、教学资源数量多是短视频教学资源平台的主要特点之一，短视频教学资源平台在使用过程中存在许多的技术问题需要解决，比如并发用户数、系统处理能力、网络流量、系统响应时间都是平台设计时需要考虑到的技术问题。因此，在构建教学资源平台性能时，应该满足以下四个条件。

（一）数据精确度

教学资源平台应当满足用户输入、输出、传输的数据的各种要求。例如，用户在进行资源查找时，应当根据数据分析将用户查找的资源分为精准查找和模糊查找。精准查找可以将用户输入的信息精准匹配，为用户找到精准的查询结果，模糊查找可以将用户输入的信息提取关键字，为用户匹配出相关的查询结果。

（二）系统响应时间

有科学研究表示，人的感觉和视觉能够接受的响应时间小于 5 s。因此，当用户使用客户端在教学资源平台进行操作时，系统的响应时间应当满足这一要求。

例如，用户登录响应时间应小于 5 s。

（三）安全保密

用户在登录教学资源平台时，首先要得到平台授权才能登录，在登录时用户需输入正确的用户名和密码，并且用户同时可以在不同终端（如 PC 端、手机端）登录账号进行操作。平台应当为用户的隐私和敏感信息进行保密，未经用户同意的情况下不得泄露其个人信息。

（四）系统稳定

短视频教学资源平台经常会出现连续重复的操作动作，比如搜索—返回，这就要求平台返回错误率要控制在千分之一以下，集群服务器 CPU 与内存使用率不能出现大范围的波动，保证用户的操作平稳安全进行。

五、教学资源平台总体技术架构规划

构建短视频教学资源平台时，平台总体框架是构建平台系统的基础，平台总体框架的横向层面包含以下四个。

（1）展示层。展示层的主要功能是实现教学资源平台与各类用户信息的交流互动，用户可以使用无线网络或有线网络打开教学资源平台的客户端，寻找并获取自身需求的教学资源、数据、资料等；展示层还可以将教学资源信息公开展示给各类用户，优化用户使用体验。

（2）应用层。应用层分为两大板块，包含系统业务应用层和系统基础应用层两大板块。系统业务应用层主要功能是涵盖各大业务系统，如资源库系统，系统业务应用层将系统所有功能进行模块化，使用该项技术可以为系统功能扩充提供基础；系统基础应用层主要是帮助平台系统对各类资源数据进行集中管理与应用，系统基础应用层采取统一集中式平台、分级授权的应用模式，可以促进教学资源平台统一部署、灵活定制、快速集成等目标的完成。

（3）数据资源层。解决了不同机构、不同学生或老师、不同类型资源数据、不同学历用户之间相互关联和统一管理的问题。

（4）云基础设施层。云基础设施层主要包括虚拟化的服务器群、数据存储集群、监控设备、网络体系等技术板块，云基础设施的主要功能是为教学资源平台系统建立云存储平台和服务器虚拟化平台，在教学资源系统开设远程服务平台时提供云存储和服务器虚拟功能，保证平台系统平稳安全运行。

平台总体框架纵向层面包含安全管理、机制管理、标准规范三个层面的内容。其主要功能是在教学资源平台系统搭建完成之后，可以保障平台系统的可维护性、可扩展性、安全性等，如图 4-1-6 所示。

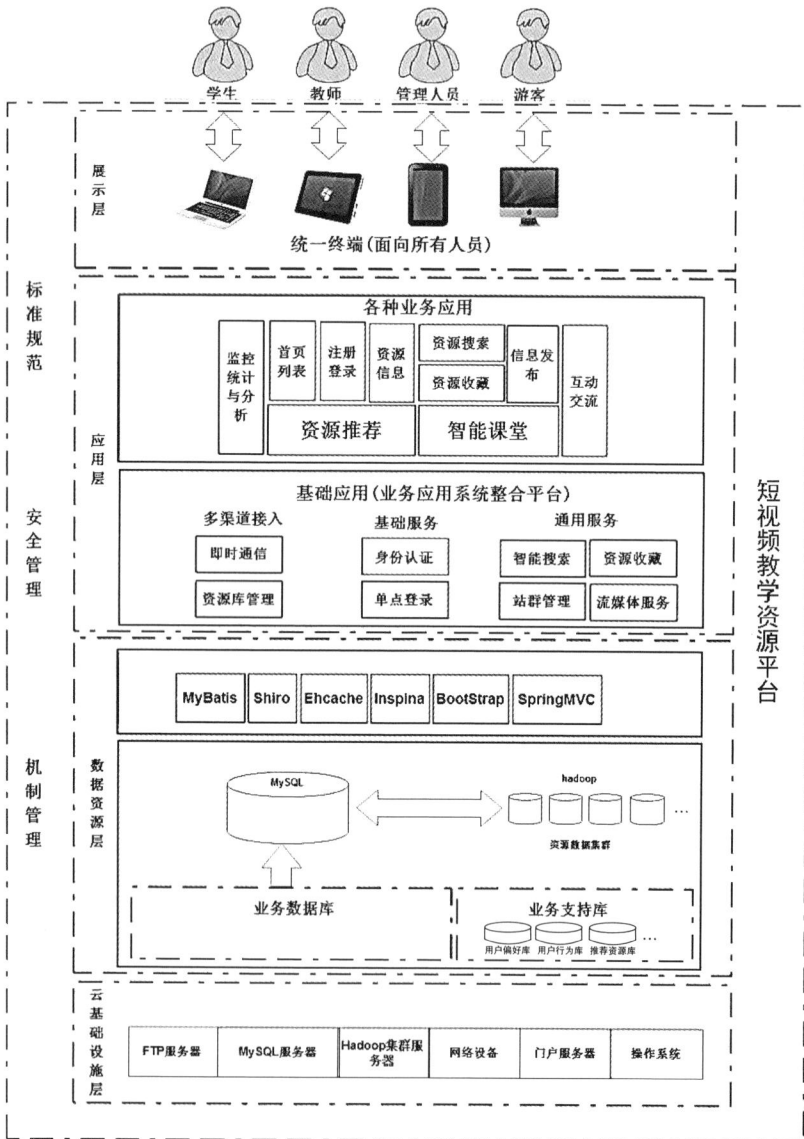

图 4-1-6 短视频教学资源平台总体技术架构

第二节　教学资源平台的构建细则

一、构建之时——功能的实现

（一）注册登录模块的构建

教学资源平台开设用户注册登录模块主要目的是保护教学资源信息的安全和稳定，比如，可以防止一些非法用户访问平台时对平台数据进行篡改和销毁。目前，教学资源平台的主要用户包含学生、教师和管理员等用户，平台系统可以根据用户类型不同将用户进行分类，用户根据自己的身份类型注册账号，并获得平台授予的操作权限。比如，学生用户在登录教学资源平台系统后，可以根据自身学习需求，查找、收藏、下载、评价教学资源；教师用户在登录教学资源系统平台后，可以将教学资源进行上传，方便教师完成网上教学任务；管理员用户登录教学资源平台系统后，根据平台授予的管理权限对教学资源进行管理与监控。

教学资源平台系统的用户登录模块主要有两个，分为注册模块和登录模块，用户在平台注册账号时，系统会根据各类用户的类型授予不同的操作权限。同时，平台在用户注册账号时，会根据用户角色定位填写注册信息。比如，学生在注册登录账号时，只需要填写用户名、密码、电子邮箱等这些基础信息即可，为了保障教学资源评价系统的公正性，学生对教学资源进行评价时，需要进行实名认证；教师在注册账号时，除了要填写用户名、密码、电子邮箱等基础信息，还要填写真实姓名、任教课程以及所在学院等个人信息才能完成注册。用户登录模块还会设置验证控件，其主要功能是验证用户提交信息相关联的控件的值是否准确，并以此作为根据判定是否通过测试，如果验证失败，测试控件会将错误信息显示在页面中，从而使输入的信息更加规范。

在登录教学资源系统时，用户需要输入用户名以及密码，系统通过对输入信息的计算将其角色定位进行判断，不同用户将会进入不同的界面，比如学生用户就会进入学生专属的客户端界面。用户应该输入正确的登录信息，如果输入不正确，便不能够登录平台系统。

实现系统平台用户登录模块的具体操作有以下两点。

1. 平台用户注册模块的具体实现

教学资源平台的用户注册模块功能主要是为了用户在注册账号信息时，将用户信息填入符合平台系统要求的信息数据，再插入到数据库中的模块，平台系统完成用户注册，为教学资源平台系统提供合法用户。用户注册模块采用 ajax 异步数据传输技术，主要作用是实现平台系统对输入信息的自动检测，比如当用户输入的用户名信息已经存在，平台系统就会提示该用户此用户名信息已被占用，需要使用其他用户名信息进行注册。如图 4-2-1 所示。

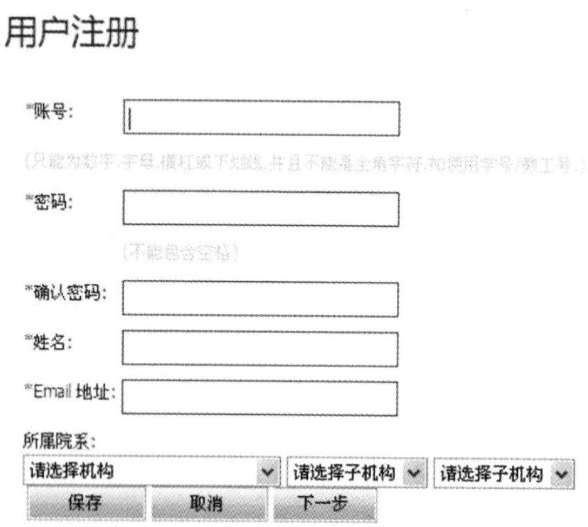

图 4-2-1　平台用户注册信息填写界面

由图 4-2-1 可知，用户按照平台系统的要求输入注册信息后，根据系统提示点击下一步按钮，平台系统就会将用户输入的信息注册插入到数据库用户信息表中，如图 4-2-2 所示。

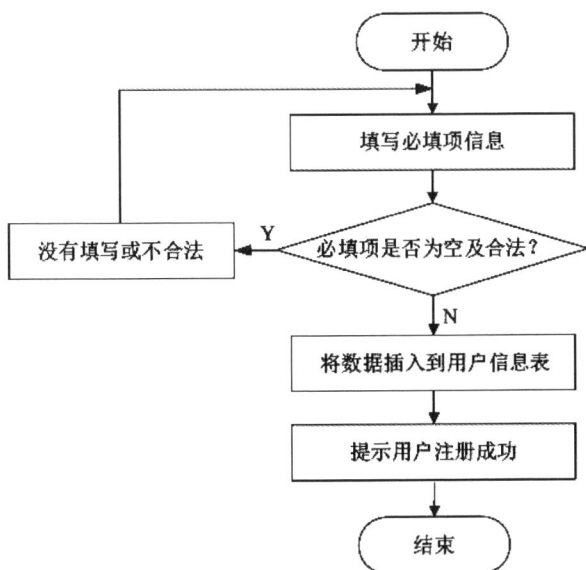

图 4-2-2 用户注册实现功能程序流程图

2. 平台登录模块的具体实现

教学资源平台的用户登录模块的主要功能是：用户将注册好的账号与密码信息填入对应的输入框后，将用户填入的账号和密码信息与用户数据库表中的账号数据进行比对。如果输入的账号信息可以匹配到数据库相应的账号信息，用户就可以登录平台系统，并对平台系统进行操作。系统平台用户登录信息填写界面如图 4-2-3 所示。

图 4-2-3 用户登录界面

由图 4-2-3 可知，在登录资源教学平台系统时，用户按照要求填写账号和密码信息后，用户会根据系统提示点击登录按钮，来实现用户登录信息查询，当用户填写的账号和密码信息存在于账号数据信息库中，则可以实现正确登录，如果输入的账号和密码信息不正确，用户需要根据系统给出的相关提示进行操作，用户登录实现功能程序流程如图 4-2-4 所示。

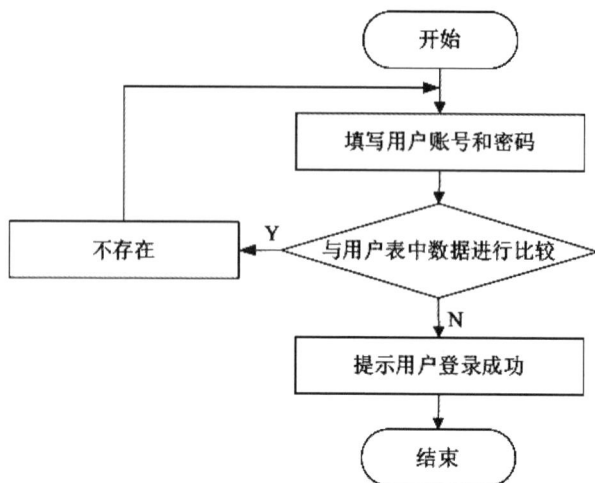

图 4-2-4　用户登录实现功能程序流程图

（二）教学资源库的构建

短视频教学资源库，顾名思义就是各种关于教学的短视频资源汇集处。教学资源库是构建短视频教学资源平台的核心。短视频教学资源库是建立在计算机上可通过互联网访问的资源数据库。教学资源库建设作为教学资源平台构建的最主要任务，应该由主管教研的部门或科室负责统筹规划。教学资源库建设时应当根据实际情况将教学资源库建设任务分配给教师，同时设立合理的激励机制以及福利待遇，从而提高教师完成该任务的积极性。教学资源库建设的具体步骤主要包含以下几点。

1. 资源的上传

各类教学资源是教师们在理论和实践中不断整理出来的，具有丰富实用的教育信息。教学资源库里的教学资源是以短视频教学资源为主，以数字化形态呈现给用户，可以为学生学习、教师教学、科学研发等方面提供合理有效的教学资源。

教学资源库的建设离不开各界人士的参与与帮助，教学资源库的建设应当以教学资源丰富，使用价值高，能够为各类用户提供实质性帮助为原则。各类用户通过各种渠道和途径收集到的教学资源，应当积极上传至教学资源库中，操作方法是用户通过终端 client 使用 HTTP 向管理员提交存储资源请求，再经过 web 服务器的转发，使用 TCP 连接最终传送到 Hadoop 集群，就可以完成教学资源上传和存储的工作。

教学资源库在建设过程中，平台系统的各类用户量会逐渐增多，会出现用户并发上传存储各类教学资源的情况，这种情况可能会导致传送到 web 服务器的请求响应时间过长，使 web 服务器的负载压力过大，甚至导致 web 服务器崩溃，用户体验变得极差。因此，系统应当对教学资源请求流程进行优化，比如，系统可以采用基于消息队列的 web 服务器集群策略。

（1）视频资源上传的设计

视频上传区的主要功能是为平台提供视频资源，而且保证这些资源能够按规则上传。在上传区中，要求视频在上传时，时长一般控制在 1~5 分钟，并进行较为详细的描述。视频应标明题目，选择所属教学类型，设置相应标签，以便被准确检索（图 4-2-5）。同时，为满足高效、快捷的资源上传需求，还应保证可同时上传多个短视频（图 4-2-6）

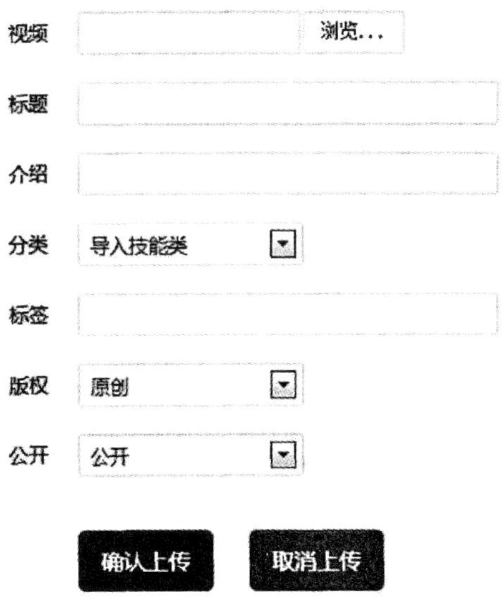

图 4-2-5　视频上传区的设计 1

1.	选择文件	未选择任何文件
2.	选择文件	未选择任何文件
3.	选择文件	未选择任何文件
4.	选择文件	未选择任何文件
	上传资源	

图 4-2-6　视频上传区的设计 2

（2）视频资源上传的实现

教学资源库建设中最主要的工作就是收集短视频教学资源并进行上传，如何收集并上传各类有价值的短视频教学资源是必须解决的问题，作者认为主要有两种渠道和途径：第一种是各类用户将日常学习中积累的短视频教学资源手动上传至教学资源库中；第二种是将其他业务系统中有价值的短视频教学资源移植到教学资源库中。

①短视频教学资源的上传请求

平台系统的各类用户将收集的短视频教学资源通过 client 终端向系统提交存储资源请求，平台系统会经过一系列的计算和处理，最终将短视频教学资源传送到 Hadoop 集群，进而完成教学资源库的建设任务与要求。

然而，教学资源库在建设过程中，平台系统的各类用户量会逐渐增多，出现用户并发上传存储各类教学资源的情况。教学资源库的建设采用的是 Hadoop 集群技术，Hadoop 集群技术是将各类配置不一的服务器集群构成为一体，Hadoop 集群技术存在固有的缺陷，在处理各类教学资源时会消耗很多时间。用户在上传短视频教学资源时，平台系统客户端会把用户提交的存储请求上传至 web 服务器，如果出现用户并发上传存储各类教学资源的情况，这种情况可能会导致传送到 web 服务器的请求响应时间过长，使 web 服务器的负载压力过大，甚至导致 web 服务器崩溃，用户体验变得极差。作者根据 web 的服务器性能提出了优化建议，比如，消息队列策略、web 服务器集群策略等方式。

当平台用户并发上传短视频教学资源时，使用消息队列策略可以解决 web 服务器的性能问题，防止 web 服务器负载压力过大。当用户并发上传短视频教学资源时，web 服务器也会接受存储请求，消息队列策略并不会立即把存储请求转发给 Hadoop 集群来执行相关资源的存储操作。而是将这些存储请求存放于消息队列之中，通过平台系统的计算进行将合适的教学资源异步进行存储处理工作，用户请求上传请求完成以后会返回原界面，web 服务器会将这些请求依次取出并处理，再转发给 Hadoop 集群，完成用户短视频教学资源的上传请求，也让用户不必等待上传时间，提升了用户使用体验。

web 服务器集群策略就是在构建教学资源平台系统时增加 web 服务器的数量，从而提升 web 服务器的性能。当用户上传短视频教学资源的请求数量过多时，可以将用户并发访问的请求交给其他 web 服务器进行处理，防止 web 服务器的负载压力过大。当 web 服务器接收用户上传教学资源的请求时，先将消息队列的用户存储请求数量进行计算，计算出是否达到规定的请求数量，如果超出该 web 服务器规定的数量，则会把多余的存储请求交由其他 web 服务器进行相关任务处理。

教学资源库的上传存储请求是由用户客户端发出的，通过互联网技术，将用户上传存储请求先转发给 web 服务器，经过 web 服务器的计算再将存储资源请求利用 TCP 方式转发到 Hadoop 集群，如图 4-2-7 所示。

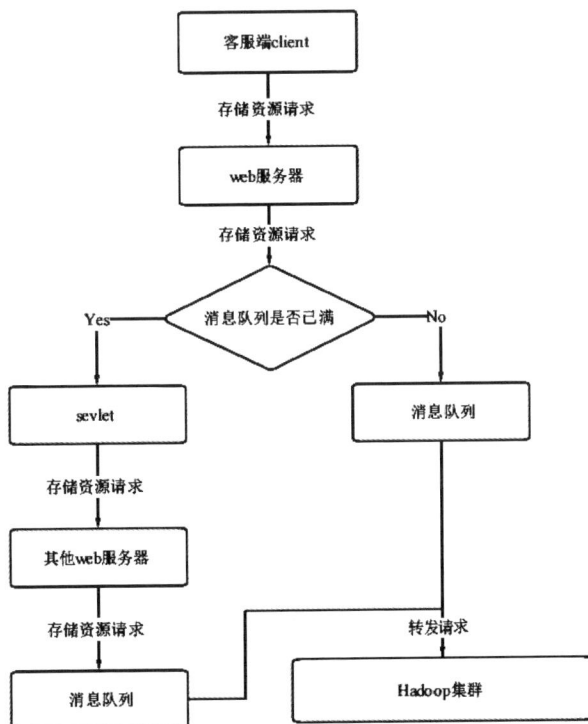

图 4-2-7　发送存储资源请求流程图

通过图 4-2-7 可以发现，用户会通过平台系统的客户端提交存储教学资源的请求，这些请求会转发给 web 服务器进行处理。这个过程使用 HTTP 协议传送用户存储教学资源的请求，HTTP 协议主要功能是使 client 和 web 服务器之间产生交互，传递信息，将用户的上传存储请求通过 HTTP 协议进行响应。用户上传存储请求转发到 Hadoop 集群时，其主要原理是 web 服务器与 Hadoop 集群的 NameNode 产生通信交互，传递请求信息。

通过一系列的分析设计，总结出经优化的教学资源请求过程示意图，如图 4-2-8 所示。

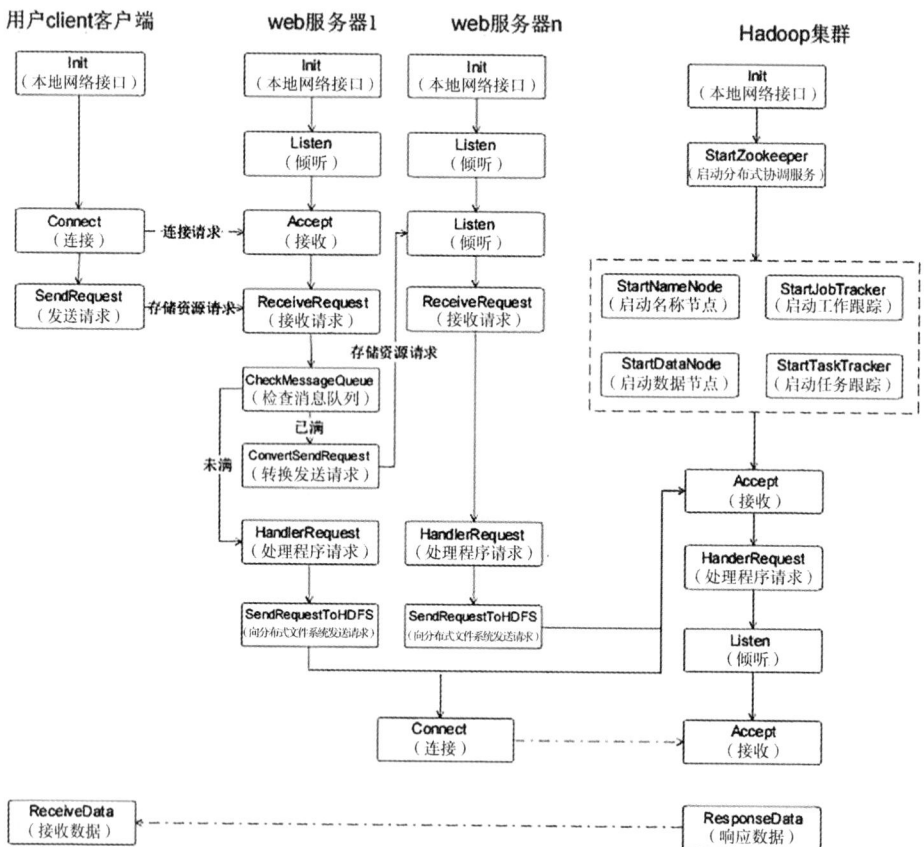

图 4-2-8　教学资源请求过程示意图

②短视频教学资源的迁移请求

随着科技的发展与进步，有一部分学校已经构建了教学资源系统，但是由于缺乏经验与技术，导致教学资源系统建设不规范，首先是教学资源分类混乱，教学资源内容杂乱无章，教师在使用系统查阅教学资源与资料时费时费力，学生在使用系统时也不能找到自身需要的教学资源，也给管理人员在管理和监控教学资源系统时带来不小的困难；其次，学校重新构建教学资源系统时，造成原有的存储设备使用率降低，管理和维护教学资源系统的成本也在逐渐增加，使学校的教育经费不断增加，不堪重负。

学校在构建短视频教学资源平台系统时，首先要考虑资源库的建设成本是否符合学校财政状况。现有的教学资源一定要充分利用，可以将旧教学资源系统中的短视频教学资源移植到新的教学资源平台上，比如可以利用数据传送、数据拷贝或数据迁移等技术来完成这项工作。这样既减少了学校的投入成本，同时提高了原有教学资源的利用率。

在构建平台的过程中要考虑 Hadoop 文件服务器的性能，比如，可以采用减少文件被访问次数的方法来缓解用户访问 Hadoop 文件服务器的压力，基于 Hadoop 文件服务器的技术特点，可以考虑采用 Linux 操作系统支持其运行。文件的元数据在存储时会占用几百个 G 的空间，有的存储量甚至可以到 TP 级，很难完成一次性加载到内存，基于这种情况，可以考虑采用 HBase 分布式数据库的技术来存储文件的元数据以及绝对地址等。

教学资源迁移本资源库的设计需考虑三方面因素。

第一，迁移成本。将原有资源库中的教学资源迁移到新的教学资源平台时，迁移过程产生的成本是开发者必须要考虑的，如果实际成本高于预期成本，那么迁移原有资源库中的数据将变得没有任何实际意义。

第二，迁移性能。将原有资源库中的数据迁移到新的教学资源平台时，要保证用户在使用教学资源平台时可以正常平稳运行，防止出现系统崩溃等现象。平台开发设计者可以考虑用户在线数量少时进行该项工作，比如深夜时分。

第三，保证数据安全、完整。将原有资源库中的数据迁移到新的教学资源平台时，平台开发设计师要保证数据的完整性，不能发生断电、人为操作等失误，导致教学资源平台的各类重要数据和资源丢失。

随着科技的发展与进步，数据迁移也有许多成熟的技术和方法，常用的技术和方法主要有结构化数据迁移和非结构化数据迁移。

结构化数据迁移是指将关系型数据库中的结构化数据通过各种合适方法迁移入非关系型数据库之中。非结构化数据迁移一般是指将资源文件通过一定方式复制或移动至 Hadoop 集群之中。

对于非结构化数据迁移主要的方式方法有：直接复制拷贝、数据镜像迁移以及数据库内置工具等。

资源库结构化数据迁移的主要目的是把当前在线旧业务系统的结构化数据通过某种手段按某种格式迁移到本资源库 MySQL 与 HBase 数据库里。结构化数据迁移至 HBase 大致分为以下几个步骤。

第一步，从各类数据源里获取数据。由于各类在线业务系统数据库种类繁多，比如 MySQL，SQLServer，Oracle 等，每种数据库访问方式、数据类型、数据格式略有不同，为了能够顺利提取各类数据库的数据，需实现各类数据库相关数据访问接口，最后使用 SQL 查询获取相关数据。

第二步，处理加工源数据。从源数据库里获取到的各类结构化数据需经过统一加工，以获取数据项目。对于资源库目标数据库 HBase 需以下数据项：资源名称 Resource Name、资源显示标题 Show Title、资源类型 Resource Type Name、资源中文描述 Description、资源所属主题编号。这些数据都需直接或间接从源数据库中获得。

第三步，源数据结构解析，将直接或间接获取到的数据进行下一步转换。资源库数据迁移采用 MapReduce 进行任务分发完成，因此需将取得的源数据转化为 MapReduce 能处理的 Key-Value 键值对。

第四步，MapReduce 任务分发调度。对待导入的 Key-Value 键值对进行任务划分，及执行 Map 函数。然后利用本 Hadoop 集群调度器进行任务分发，并分配各 Key-Value 键值对任务到指定的 Hadoop 节点。

第五步，并发任务执行。即执行 Reduce 函数，把各个 Key-Value 键值对写入到本资源库的 HBase 数据库里。可得出本资源库非结构化数据迁移流程如图 4-2-9 所示。

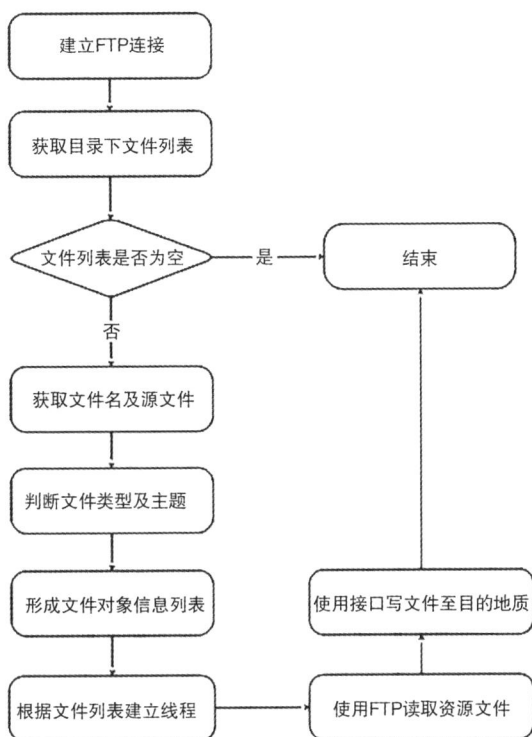

图 4-2-9　非结构化数据迁移流程图

2. 资源的获取

各类用户获取短视频教学资源的方式有很多。例如，在线资源浏览的方式可以帮助用户广泛寻找教学资源，资源关键字搜索的方式可以帮助用户精准找到教学资源，个性化偏好资源推荐的方式可以帮助用户找到需要的教学资源。但是不论何种查找方式都需要一定的步骤才能完成：经过 Client 发送资源请求、web 服务器处理转发请求、NameNode 元数据读取、读取资源文件有效位、读取资源文件等。为了提升用户使用体验，优化资源文件读取的功能，作者从业务功能角度详细设计并实现了资源信息展示、资源搜索、资源推荐业务等。

（1）资源文件读取

经过之前对 HDFS 架构的优化可知：Hadoop 集群每台机架都新增了一台 NameNode 节点服务器，负责本机架所有 DataNode 节点的管理以及相关事务处理。

资源文件是系统最重要的数据，如果系统的各类资源文件丢失，用户就不能正常使用该系统，也无法保障系统平稳正常运行。教学资源平台系统是将资源数据采用分布式存储的方式，存储在各大云服务器的节点之上。这种情况可能会导致系统在运行过程中，因为某些原因单点服务器不能正常运行。基于这种情况，设计师必须设计出优秀的预防方案，可以保证该系统在出现故障时，可以及时将损失的数据进行恢复，保证系统平稳安全。

当用户获取资源请求到达该机架时，先在本机架 NameNode 节点服务器查询本机架元数据，再根据元数据完成相应资源文件请求。

当客户端发起资源读取请求时，通过 HTTP 协议传送该请求至 web 服务器；然后根据 web 服务器当前运行情况，判断是否需要转发该读取请求至其他 web 服务器；接着根据最终 web 服务器使用 TCP 与 Hadoop 集群建立连接。web 服务器首先到本机架 NameNode 查找对应元数据，如查找成功，则根据相关元数据信息连接指定的 DataNode，进而定位到指定的 Block 后，根据 Hash 结果找到相应资源文件，并执行相关读取操作。如在所有机架 NameNode 都未找到相应元数据，则向主 NameNode 进行查找，若查找成功，则根据相关元数据，连接指定的 DataNode，并根据相关映射信息找到相应文件，并完成数据读取操作，否则，表示资源文件读取失败。

短视频教学资源平台经常会出现连续重复的操作动作，比如搜索—返回，这就要求平台返回错误率要控制在千分之一以下，集群服务器 CPU 与内存使用率没有出现大范围的波动，保证用户的操作平稳安全进行。

Hadoop 是基于 java 为基础开发的分布式存储计算平台，现在还存在一定的局限性，比如在对大量的小数据进行存储与访问的过程中就会出现一些技术问题，针对这类问题，教学资源平台系统需要将已有的小文件进行合并，同时还要设计出一套方便小文件读与写的操作方案，满足各类用户对资源数据的存储、获取与分析的需求。

资源数据读取流程如图 4-2-10 所示。

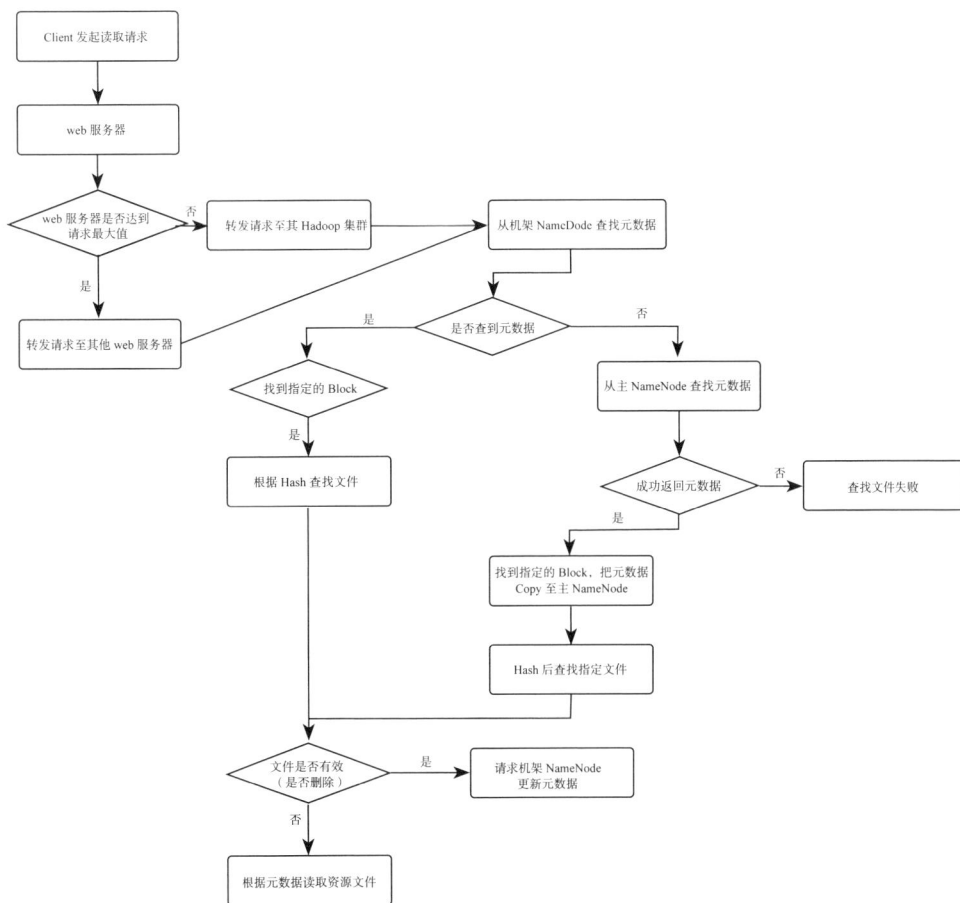

图 4-2-10 教学资源数据读取流程图

（2）教学资源信息

①功能简介

教学资源平台根据各类用户的类型给予用户不同的权限，教学资源信息管理的主要功能就是针对不同类型用户对于教学资源信息的浏览、获取、分析、管理操作给予一定的权限和限制。

使用游客身份登录教学资源平时时，只能对教学资源信息进行浏览，不能上传和下载各类教学资源；使用学生身份登录教学资源平台时，可以根据学习需求浏览并下载各类教学资源；使用教师身份登录教学资源平台时，可以根据教学需求浏览并下载教学资源。各类用户如果需要上传教学资源，必须得到平台管理员的权限才能将教学资源进行上传，并且通过平台的审核，才能发布在教学资源平台上。

②功能时序图

上传资源时序如图4-2-11所示。

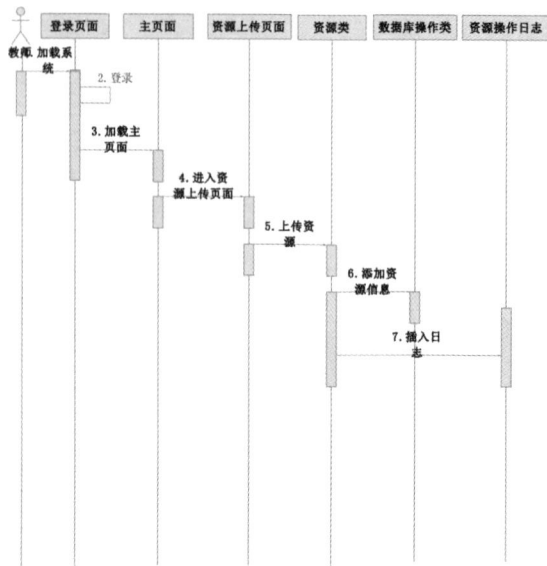

图4-2-11 上传资源时序图

下载资源时序如图4-2-12所示。

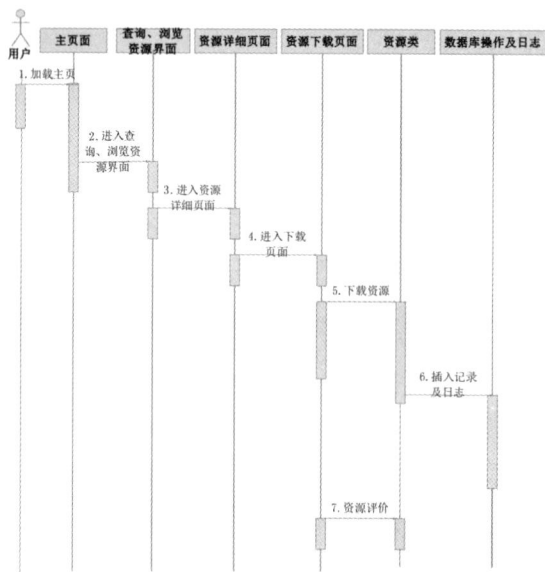

图4-2-12 下载资源时序图

③相关对象设计

A. 资源信息对象（Resource）

作用：存储资源相关详细信息。

定义：具体定义，如表 4-2-1 所示。

表 4-2-1　资源信息对象表

属性名	英文名	功能描述	类型
标识	ID	资源对象唯一标识	Char（10）
资源编号	Resource Code	资源编号	Varchar（20）
资源名称	Resource Name	资源名称	Varchar（50）
资源标题	Show Tile	资源显示标题	Varchar（20）
资源类型编号	Resource Type Code	资源类型编号	Varchar（20）
资源地址集合	Resource Address List	资源地址集合	Varchar（50）
上传用户编号	Upload User Code	上传用户编号	Varchar（20）
上传时间	Upload Time	上传时间	DateTime

B. 资源相关属性对象（Resource Attribute）

作用：表示所有资源相关属性信息。

定义：具体定义如表 4-2-2 所示。

表 4-2-2　资源相关属性对象表

属性名	英文名	功能描述	类型
标识	ID	资源对象唯一标识	Char（10）
资源编号	Resource Code	资源编号	Varchar（20）
资源主题编号	Resource Subject Code	所属主题编号	Varchar（20）
资源受欢迎程度	Resource Popularity	数字表示资源受欢迎程度	Integer
浏览总次数	Resource Access Number	资源浏览总次数	Integer
浏览总时间	Resource Access Total Time	资源浏览总时间（秒）	Integer
资源下载次数	Resource Download Number	资源下载总次数	Integer
资源评价总分数	Resource Content Total Number	用户对资源的评价总分数	Integer

④ E-R 图

根据面向对象与数据结构设计方法，该功能的各对象间存在一对一，一对多，多对多关系，经过分析，E-R 图如图 4-2-13 所示。

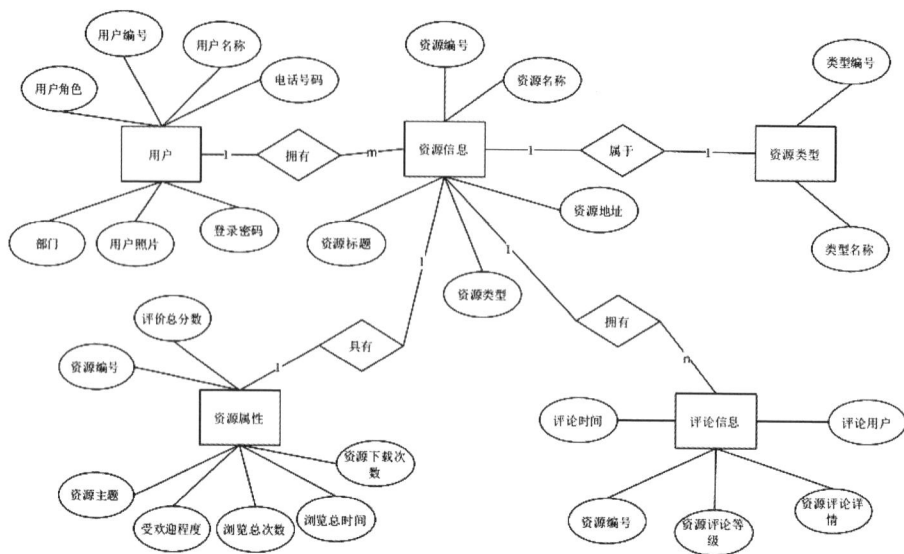

图 4-2-13 资源信息功能 E-R 图

⑤操作设计

本部分用于向资源库添加各类型、主题资源的操作，主要包括添加、删除各类型资源等操作，具体操作设计如表 4-2-3 所示。

表 4-2-3 操作设计表

操作中文名	操作英文名	功能
添加资源	Add Resource	添加指定资源入资源库
删除资源	Delete Resource	从资源库删除指定资源
获取资源	Get Resource Data	获取指定类型资源
获取资源评论信息	Get Resource Comment	获取资源指定评论信息
获取资源相关属性信息	Get Resource Attribute Info	获取资源相关属性信息
获取资源上传的用户信息	Get User Info Of Resource	获取上传该资源的用户信息
获取资源长度	Get Resource Length	获取资源所占空间容量
获取资源下载量	Get Resource Download Number	获取资源当前的下载量
获取资源上传时间	Get Resource Upload Time	获取资源上传时间

（3）教学资源搜索

①功能描述

该功能主要是通过关键字列表信息查询资源数据。需先到 MySQL 数据库的当前用户资源关系表里查询出资源数据所在的 Table 编号（Table ID）与资源编号

（Resource ID），再使用 Table ID+Resource ID 组成的复合编号到 HBase 数据库中相关表结构里查找相关列簇，从而获取所需资源地址等相关信息，最后根据资源的地址信息访问分布于不同底层物理服务器上的资源信息并根据所需格式显示在客户端浏览器界面上，供用户浏览及下载。

②资源搜索时序图

资源搜索时序如图 4-2-14 所示。

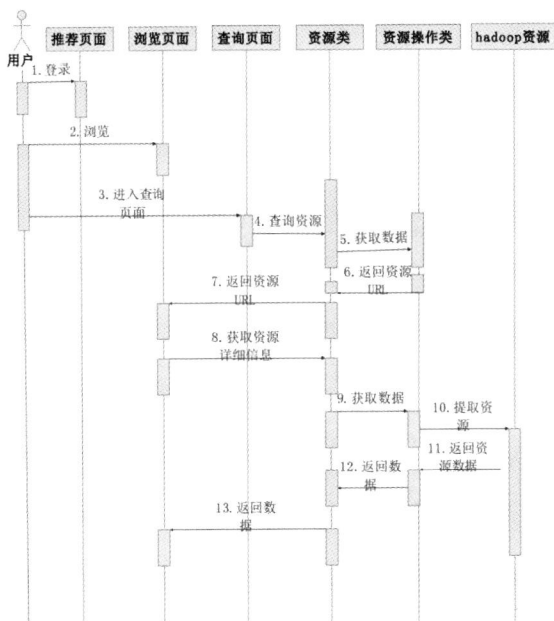

图 4-2-14　资源搜索时序图

③搜索对象设计

A. 搜索资源结果（Result）

作用：存储通过关键字搜索到的结果。

定义：具体对象定义如表 4-2-4 所示。

表 4-2-4　搜索资源结果对象表

属性名	英文名	功能描述	类型
搜索资源名	Resource Name	搜索出资源的名称	Varchar（50）
搜索资源的地址集合	Address List	搜索出资源文件的地址集合	Varchar（100）

B.资源搜索处理流程,如图 4-2-15 所示。

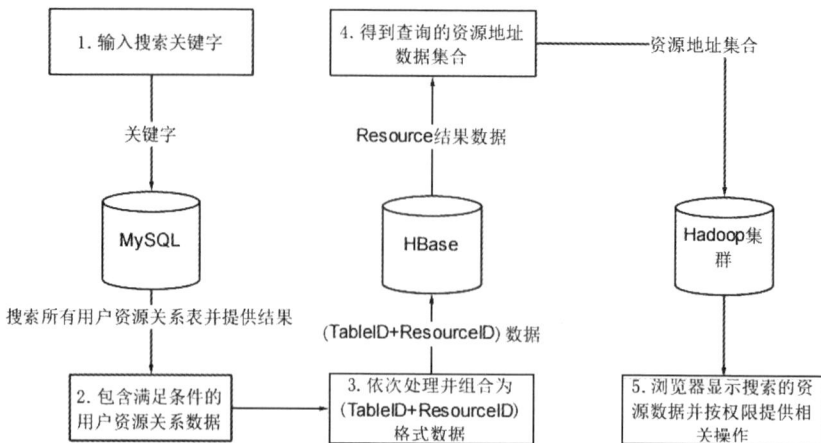

图 4-2-15 资源搜索功能处理流程图

C.搜索关键字(Key)

作用:存储待搜索的关键字集合。

定义:具体对象定义如表 4-2-5 所示。

表 4-2-5 搜索关键字对象表

属性名	英文名	功能描述	类型
标识	ID	搜索关键字唯一标识	Char(10)
搜索关键字集合	Key List	搜索关键字集合	Varchar(50)

D.资源关系数据(Table ID+Resource ID)

作用:从 MySQL 用户资源关系表里查询出的数据,用于描述搜索资源的 Table ID+Resource ID 的关系数据,以便使用该数据到 HBase 上获取相关资源地址。

定义:具体对象定义如表 4-2-6 所示。

表 4-2-6 搜索关系数据对象设计

属性名	英文名	功能描述	类型
标识	ID	搜索关系数据唯一标识	Char(10)
关系数据表编号	Table ID	该关系数据所在 MySQL 里的关系数据表编号	Char(5)
资源关系数据 ID 号	Resource ID	所在关系数据表里资源关系数据 ID 编号	Char(10)

④ E-R 图

根据面向对象与数据结构设计方法，可得 E-R 图如图 4-2-16 所示。

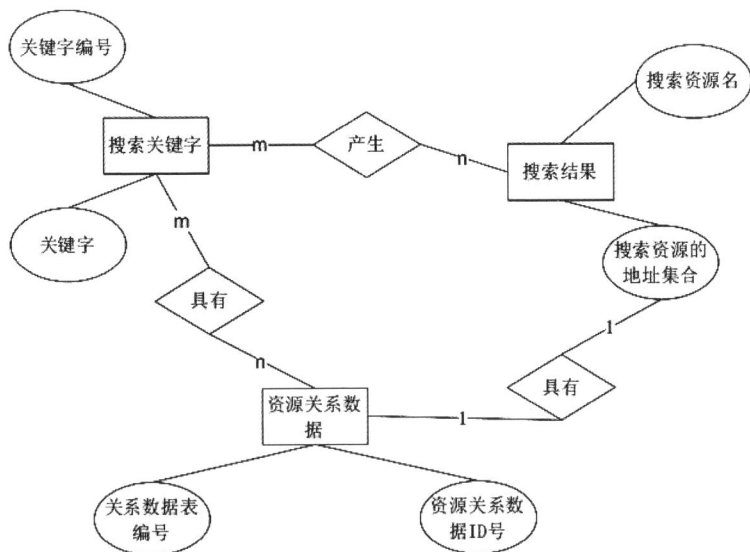

图 4-2-16 资源搜索 E-R 图

⑤操作设计

本部分用于根据用户输入的关键字搜索出相关资源所涉及的操作，具体操作设计如表 4-2-7 所示。

表 4-2-7 操作设计表

操作中文名	操作英文名	功能
资源搜索	Search Resource	通过关键字搜索相关资源

（4）教学资源个性化推荐

①个性推荐算法的改进

本书将短视频教学资源平台推荐系统的使用分为两个主要部分，第一部分是教学资源系统会根据用户注册时设置的偏好信息进行检测和计算，当用户登录教学资源平台并打开自己专属的空间时，系统会根据检测结果将用户可能感兴趣的资源推荐给用户；第二部分是当用户登录教学资源平台并打开资源页面时，系统会根据资源属性和分类等结合用户的身份和行为为用户自动匹配教学资源。

当用户登录教学资源平台并浏览页面时，系统会根据用户需求更新推荐模型的矩阵，以便用户可以找到自己需要的教学资源，进而可以提高用户体验感受，同时还能提高教学资源利用率。

主流基于用户的协同过滤算法基本上采用用户对资源的评价形成用户—项目的评分矩阵。本文的项目是教育资源，即是获取用户对资源的评分矩阵，然后根据这个矩阵计算相似用户，再到相似用户中获取其评分高的教育资源推荐给当前用户，而用户评分分为两种，显性和隐性方式。

显性评分是指用户主动通过页面上提供的信息进行反馈评价的过程，用户在浏览页面时，对教学资源进行下载、收藏、打分、评论等操作，系统就会将这些反馈行为记录并保存，进而反映出用户对哪些教学资源感兴趣，哪些教学资源不符合用户需求。显性评分的操作方式主要依靠用户的主动行为，用户在浏览或寻找教学资源时并没有留下反馈行为，那么推荐系统就不能得到用户评价的数据支撑，推荐系统也会因此受到很大的影响，进而影响用户的使用体验。

隐性评分的工作原理是将用户教学资源的使用行为情况用数据记录，再通过加权处理的检测技术，将其转化为用户对教学资源的评分。隐性推荐系统将用户一些操作行为进行跟踪和记录，比如用户在登录教学资源系统时浏览过的页面，搜索时输入的关键字等，再通过数据为用户推荐需要的教学资源。

具体表述为用户在登录教学资源平台时，系统可以从中获取用户浏览资源页面的停留时间，通过跟踪、记录用户打开资源界面的时间和关闭该界面的时间，就能获取该数据。

本书采用的方法是判断相邻请求页面的时间差值，并假设 TMIN=5 s，即停留时间不到五秒钟视作用户对该页面无兴趣，TMAX=60 s，即停留时间超过一分钟视作用户可能在使用中途离开或者忘记关闭浏览器。所以在页面时长时间落在 [5 s，60 s] 才认为用户对该页面产生一定的兴趣，兴趣的强度随着停留时间的增加而增加。然后在获取用户浏览页面的时长后，定义时长和评分的关系如表 4-2-8 所示。

表 4-2-8　页面浏览时长和评分关系表

页面浏览时长	5~12 秒	12~24 秒	24~36 秒	36~48 秒	48~60 秒
评分值	1	2	3	4	5

为了防止评分矩阵太过稀疏，将用户没有浏览过的资源评分也设为 1 分，表示用

户默认的兴趣程度，加入缺省打分在一定程度上对推荐结果的准确度有一定的提高。

根据以上方法，可以获得用户对每个教育资源页面都有一个隐形的评分，因此可以形成有一个用户评分矩阵，如表 4-2-9 所示。Uij 表示第 i 个用户对第 j 个资源的评分值。

表 4-2-9　资源评分表

矩阵	资源 1	………	资源 j	………2	资源 n
用户 1	U（1，1）	……	U（1，j）	……	U（1，n）
……	……	……	……	……	……
用户 i	U（i，1）	……	U（i，j）	……	U（i，n）
……	……	……	……	……	……
用户 m	U（m，1）	……	U（m，j）	……	U（m，n）

根据基于用户的协同过滤推荐算法步骤，获得矩阵之后，计算用户的相似度，相似度高的用户形成最近邻居，再综合最近邻居中对资源的所有打分，计算该资源的评分平均值，最后按 TOP-N 的结果推荐。

本书引入用户的注册信息来提高推荐结果的准确度，也使推荐系统更加个性化。对于用户注册信息，区分为已注册老用户和注册新用户，如图 4-2-17 所示。

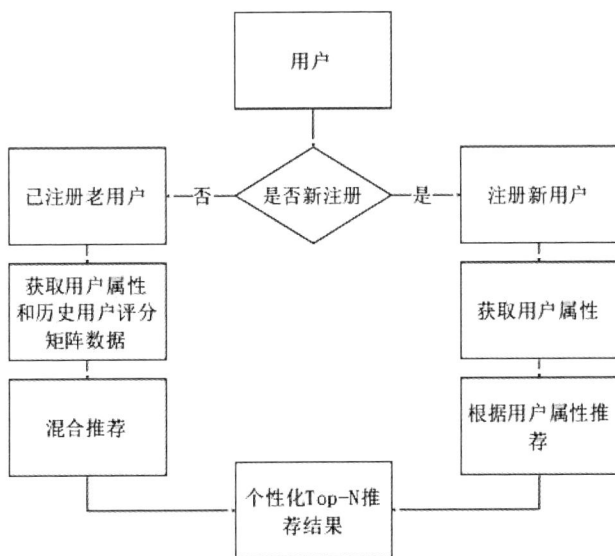

图 4-2-17　个性化推荐流程图

②个性化推荐的实现

对于新用户来说，系统根据该用户的个人兴趣和属性信息，利用协同过滤推荐方法找出相似用户，利用相似用户对资源的评分，计算平均分较高的前几位作为个性化资源推荐结果，推荐流程如图4-2-18所示。

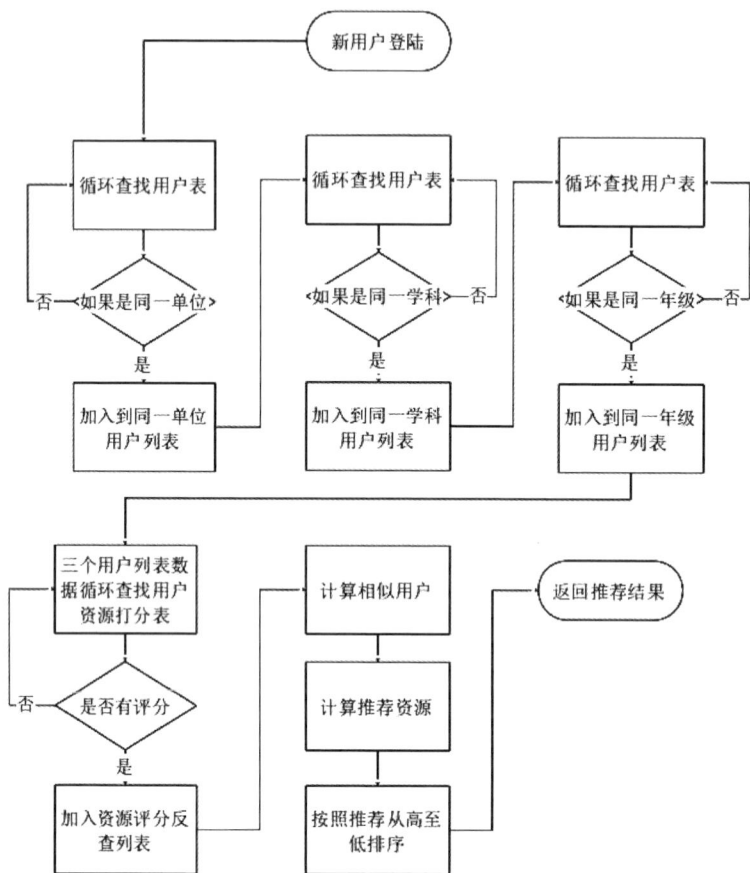

图4-2-18 新注册用户资源推荐流程

对于已注册的老用户，首先根据用户属性进行推荐，如果利用协同过滤算出的推荐资源中在利用用户属性算出的推荐资源中也有，则优先推荐利用协同过滤的资源，推荐的流程如图4-2-19所示。

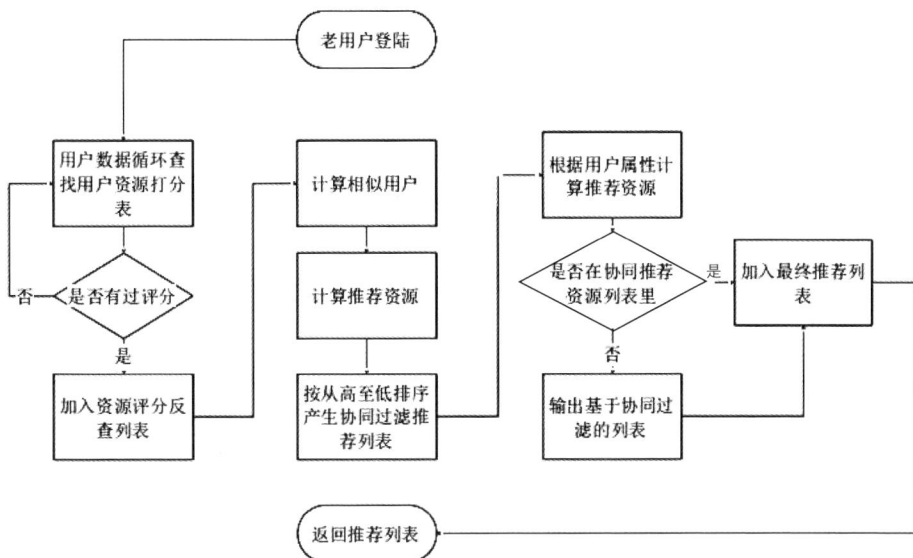

图 4-2-19　已注册用户资源推荐流程

（三）平台的管理

1. 系统管理

系统管理的主要功能是管理员查看访问平台系统时的日志信息和备份信息。通过系统的提示用户可以输入操作日志和时间进行查询相关信息与内容。界面如图 4-2-20 所示。

图 4-2-20　系统管理

2. 信息管理

信息管理的主要功能是实现系统管理员查看和设置用户的信息。比如学生用户的注册信息，教师用户的部门单位信息、学科信息，同时还能实现学科、学段、年级管理，知识点管理，信息同步等功能；系统管理员在登录管理页面之后，可以根据系统提示更改注册用户的信息并进行保存，点击审核按钮，可以对注册的用户进行审核，如图 4-2-21 所示。

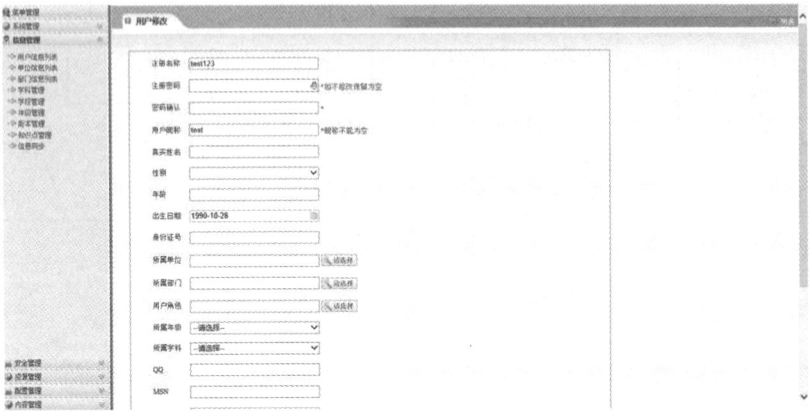

图 4-2-21　信息管理

3. 安全管理

安全管理的主要功能是实现平台管理员对于平台各种信息安全管理，主要包括角色信息、权限信息、菜单信息、数据查询对象、审核角色等内容。比如管理员需要新建一个角色信息，可以根据系统提示点击新建角色，增加一个角色用户；也可以点击删除角色信息，删除一个角色用户，如图 4-2-22 所示。

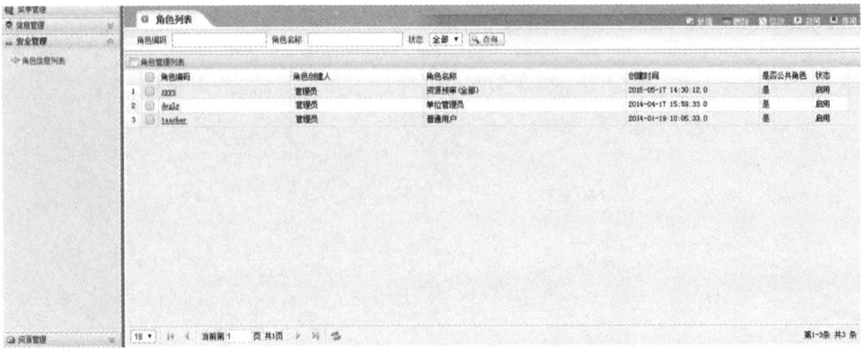

图 4-2-22　安全管理

4. 资源管理

资源管理的主要功能是系统管理员统计教学资源的相关数据。系统管理员可以将资源数据根据单位资源、个人资源以及资源类型进行分类管理。根据系统提示点击单位资源报表，选择出想要统计的单位名称，就可以显示出根据单位统计的教学资源量的情况与数据；点击个人资源报表，寻找想要查询的个人账号信息，根据提示点击查询按钮，就可以统计出当前用户所有的教学资源信息情况与数据，如图 4-2-23 所示。

图 4-2-23　资源管理

5. 配置管理

配置管理的主要功能是实现系统管理员对网站运行数据的管理，以及实现积分配置信息的设置。根据系统提示点击系统配置按钮，系统管理员就可以进入系统设置的页面，包含平台所属单位、同步字段类型、数据类型、上级平台地址、外网地址、是否有上级平台、平台名称、中心平台地址、资源底部信息等配置信息；根据提示点击积分规则管理按钮，可以设置和改变积分规则，比如教师用户上传一个教学资源就可以获得 5 积分，学生用户完整观看一个短视频教学资源就可以获得 2 积分等，如图 4-2-24 所示。

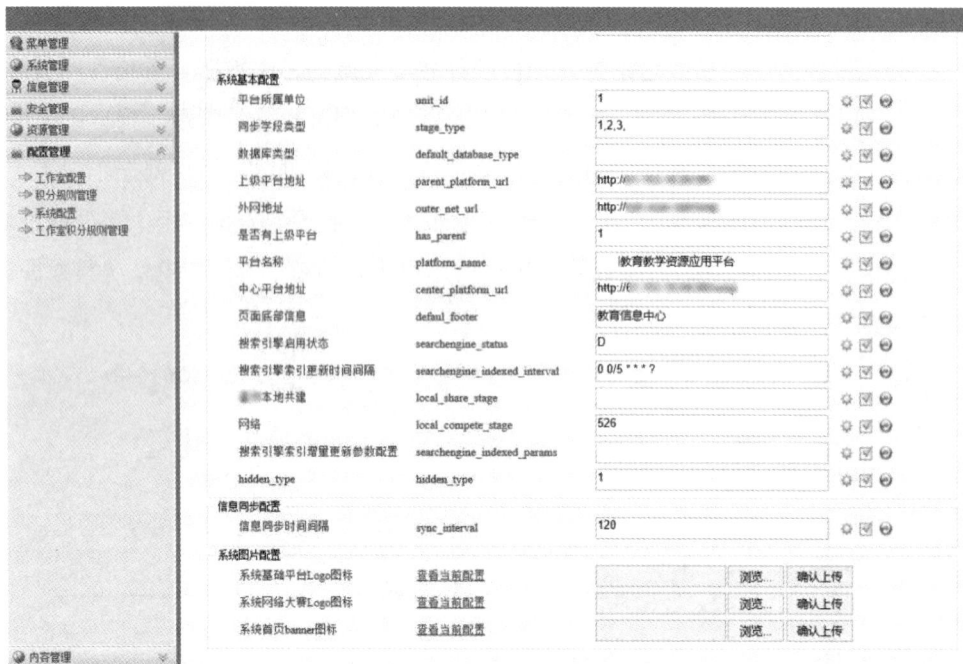

图 4-2-24 配置管理

6.审核管理

（1）审核内容

虽然短视频教学资源平台中承载的是视频类型的教学资源，但是在对资源进行审核时，不应只审核视频相关内容，还应审核文字（如视频简介内容）、图片（如视频封面）等。

审核主要包括自动审核和人工审核两种方式。自动审核主要是为了减轻人工审核负担，审核短视频教学资源是否有暴力、色情、涉及敏感词等原则性问题。而人工审核一方面作为自动审核的补充；另一方面则负责检查短视频教学资源质量，将那些粗糙的、质量较差的短视频拒之门外，从而保证短视频教学资源平台上资源的优质性。

（2）自动审核

下面，我们主要对自动审核的实现进行介绍。

基于短视频教学资源平台的教学资源自动审核系统的框架结构划分如图 4-2-25 所示。

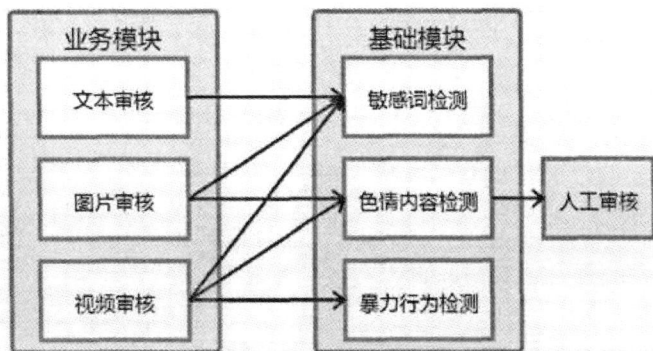

图 4-2-25 教学资源自动审核系统架构

①基础模块

其一，暴力行为检测模块。

教师在使用教学资源平台时，通常会使用视频的方式来完成教学任务，教学视频也会帮助学生理解并掌握教师所传授的知识。教学资源平台如果出现暴力视频，或者有人别用有心借助平台发表暴力言论，会严重影响平台用户的使用体验，以及学生的身心健康，国家对于暴力视频以及言论出台了一系列法律法规，给广大用户提供一个良好的网络环境。因此，用户在上传教学资源时，暴力行为检测模块至关重要。

暴力行为检测模块的主要工作原理是将用户上传的各种教学资源采用抽帧采样的方法，平台系统通过智能检测技术将采样的数据进行分析，检测教学资源是否具有暴力行为，从而保证暴力行为视频不会出现在教学资源平台。

其二，色情内容检测模块。

图片格式和视频格式的教学资源是教学资源平台色情内容审核的重点。色情内容审核模块对于图片审核的工作原理是将用户上传的图片格式的教学资源进行分类，然后对图片内容检测，严格按照国家的法律法规对上传的图片进行审核；色情内容审核模块对于视频格式的工作原理主要是对用户上传的教学视频采取抽帧采样的方式，平台系统通过智能检测技术将采样的数据进行分析，检测教学资源是否具有色情内容，并将检测结果反馈给管理员，有任何一个图像不能通过检测，整个视频都会被认为含有色情内容，不允许上传至教学资源平台。

其三，敏感词汇检测模块。

文本类信息是教学资源平台审核系统中敏感词汇检测模块检测的重点。敏感词汇检测模块会对文本类的教学资源进行智能检测，判断该教学资源的词汇是否与敏感词库中的词汇相匹配，如果检测到含有敏感词语，管理员会拒绝上传该教学资源，并向用户反映相应的审核结果与报告，如果管理员不向用户提供检测报告，用户并不知道该教学资源哪里违反了平台上传规定，用户也不知道如何修改教学资源，大大降低了用户教学资源平台的使用感受。

②功能模块

其一，视频审核模块。

视频审核模块是最为重要的部分，主要是针对 avi、mp4 格式的视频教学资源设计的审核模块，视频审核模块的主要功能是对视频教学资源进行智能检测，判断该视频教学资源是否含有暴力行为、色情内容以及敏感词汇等不良信息和内容。检测用户上传的视频教学资源中是否含有暴力行为，需要将视频预处理后，启动系统中暴力检测模块进行检测，进而确保视频中不包含暴力行为和内容；检测用户上传的教学资源中是否含有色情内容，需要采用抽帧采样的技术对视频进行处理，通过色情检测模块将转化的图像进行检测，进而判断出视频中是否含有色情行为和内容；检测用户上传的视频是否含有敏感词汇，也是通过采取抽帧采样的技术对视频进行处理，然后借助 OCR 技术将转化的图像中的文字进行提取，最后将提取的文字与敏感词库进行匹配，进而判断出该视频是否含有敏感词汇和内容，并将审核报告反馈给上传用户，帮助用户修改教学资源。

其二，图片审核模块。

图片也往往会出现在短视频教学资源平台上，教学视频的封面以及用户头像等等都是以图片形式展现的。图片审核模块针对的是教学资源中图片进行审核，主要包含 jpg、png 格式的图像资源，图片审核模块的主要功能是检测用户上传的图片资源是否符合平台管理的规定，是否包含色情内容与敏感词汇等不良信息。其中色情内容的检测主要依靠系统中色情内容检测模块进行智能检测，进而判断出图片资源是否包含色情行为与内容；敏感词汇的检测主要采用 OCR 技术将图片内的文字提取出来，将提取的文字与敏感词库进行匹配，进而判断出该视频是否含有敏感词汇和内容，并将审核报告反馈给上传用户，帮助用户修改教学资源。如果用户上传的图片审核不通过，将无法发布在短视频教学资源平台中。

其三，文本审核模块。

文字是短视频教学资源平台上最基础的内容，比如用户登录时使用的用户名，教学资源中的标题以及简介等等，文本审核模块的主要功能就是对教学资源平台上的文字内容进行审核，区分出教学资源中哪些文本是恶意的，哪些文本是非恶意的，并将恶意文本进行分类。文本审核模块需要将用户上传的教学资源中的文本进行预处理，文本的预处理是将对输入的文本进行预处理和分词，主要功能包括编码转换、字符过滤、分词、停用词处理等。将提取的文字与敏感词库进行匹配，进而判断出该视频是否含有敏感词汇和内容，并将审核报告反馈给上传用户，帮助用户修改教学资源。如果用户上传的教学资源中的文本内容审核不通过，将无法发布在短视频教学资源平台。

（3）人工审核

①人工审核的功能是为了解决自动审核系统无法进行判断的教学资源，自动审核系统基础模块会将无法识别和判断的教学资源发送给平台审核人员，平台审核人员会帮助系统进行判断，进而保证审核结果的准确性和教学资源的安全性。这部分教学资源在通过人工审核之后，会将其直接同步到教学资源正式库中，同时教学资源临时库也会将该教学资源删除，并更改教学资源库的资源状态。

②由于自动审核无法判断短视频质量，因此需要就短视频是否具有教学效果以及教学效果优异进行人工审核判断，退回那些劣质的"水视频"，保留以及推送真正优质的教学视频。

（4）教学资源自动审核的流程设计

基于短视频教学资源平台的教学资源自动审核系统的审核流程如图4-2-26所示。

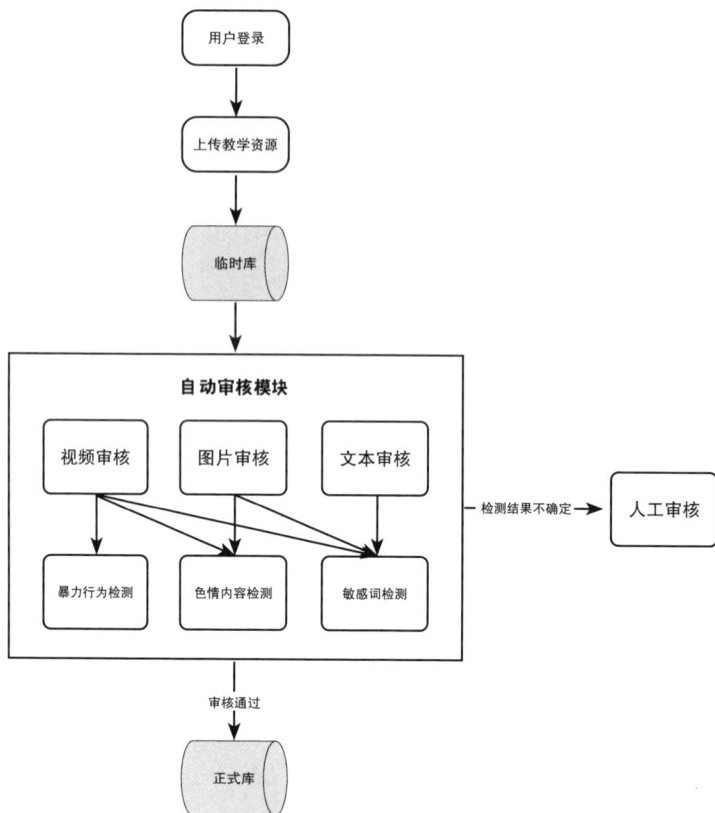

图 4-2-26 教学资源自动审核流程图

短视频教学资源平台中，用户上传的教学资源不会直接存储到正式资源库中，而是会将其存储到临时资源库以方便系统进行审核。当用户上传的教学资源被平台接收成功后，平台会将审核消息发送至教学资源自动审核系统，进而开始审核工作。

首先，自动审核系统会对上传成功的教学资源中的视频、图片和文本信息进行分类，通过启动自动审核系统的功能模块来进行审核工作，上传的教学资源中的视频部分由视频审核模块进行审核并判断，上传的教学资源中的图片部分由图片审核模块进行审核并判断，上传的教学资源中的文本信息由文本审核模块进行审核并判断，然后，自动审核系统会把视频、图片以及文本的审核结果收集起来，并采用智能检测技术对其进行综合评估，最后，自动审核系统会将审核结果反馈给教学资源平台和平台审核人员，进而确保用户上传的教学资源符合平台的相关规定与要求。

　　用户上传的教学资源如果通过了自动审核系统的相关审核，教学资源平台系统就会将该教学资源从临时资源库迁移至正式资源库中，并将该教学资源发布在教学资源平台上；如果用户上传的视频的部分内容通过自动审核系统无法进行判断和识别时，比如教学资源图片部分中的色情低俗内容，自动系统就会将该部分转发给平台审核员，通过人工审核的方式完成审核工作。

　　① 临时资源库：临时资源库的主要功能是减少正式资源库的存储压力，保证平台资源系统能够平稳安全运行，即使临时资源库里的教学资源发生丢失、损毁等情况，也不会影响用户对教学资源平台的使用体验；同时，临时资源库还能够缓解自动审核系统的压力，当自动审核功能出现错误或漏洞时，平台管理员可以及时调整和改进平台自动审核功能。

　　② 正式资源库：对于用户上传的教学资源视频，如果通过了平台的审核，系统就会将该教学资源从临时资源库迁移到正式资源库中，并将该教学资源正式发布到教学资源平台让其他用户进行使用和学习。教学资源平台正式资源库中存储的资源是需要长时间存在的，因此，开发设计者正式资源库的稳定性是开发设计者必须考虑的问题，要保证正式资源库数据的安全性和稳定性，避免出现数据丢失、损毁等。

　　③ 自动审核模块：自动审核模块会根据用户上传的教学资源的格式进行审核工作。主要工作原理是通过视频审核模块、图片审核模块以及文本审核模块将用户上传的教学资源进行预处理，然后，视频审核模块会将上传的教学资源中的视频部分进行审核并判断，图片审核模块对上传的教学资源中的图片部分进行审核并判断，文本审核模块对上传的教学资源中的文本信息进行审核并判断，确保上传的教学资源中不包含暴力行为、色情内容和敏感词语，同时符合国家法律法规和平台相关要求。自动审核系统会将审核通过的教学资源，从临时资源库转发到正式资源库，并发布在教学资源平台以供其他用户使用和学习；对于不能通过审核的教学资源，平台会将该教学资源从临时资源库删除，形成审核报告发送给上传该教学资源的用户，方便用户对教学资源进行修改。

（四）主要数据库表的构建

1.用户信息数据表

用户信息表用于记录用户的各种信息，包括注册用户名、用户真实姓名、注册邮箱等。如前所述，用户只有在成功注册后才可以在视频学习平台中进行视频收藏、视频下载以及评价、提问、讨论等操作。用户信息表具体设计如表4-2-10所示。

表 4-2-10　用户信息表

属性名	英文名	功能描述	类型
标识	ID	资源对象唯一标识	Char（10）
用户编号	User Code	用户编号	Varchar（20）
用户名称	User Name	用户名称	Varchar（20）
用户角色编号	Role Code	用户角色编号	Varchar（20）
个性签名	Signature	用户个性签名	Varchar（20）
部门编号	Department Code	部门编号	Varchar（20）
用户照片地址	User Photo Address	用户照片地址	Varchar（50）
用户登录密码	Password	用户登录系统密码	Varchar（20）
电话号码	Telephone	用户常用电话号码	Varchar（10）

2.待上传视频表

待上传视频表是用于记录上传到服务器上的视频信息，包括项目编码、视频标题、视频描述信息、标签、视频所属类型、上传状态等。待上传视频表具体设计如表4-2-11所示。

表 4-2-11　待上传视频表

属性名	英文名	功能描述	类型
标识	id	主键、视频id、自动编号	int
项目代码	Item Code	用于标识11位字符型编码，唯一标识	Varchar
标题	title	视频标题	Varchar
描述	description	视频描述（介绍）	Varchar

续表

属性名	英文名	功能描述	类型
标签	tags	视频标签字符串，多个标签之间用逗号分隔	Date
课程	course	用于标识视频所属的类型	int
版权	copyright	版权，分为原创、转载	int
隐私	privacy	权限隐私，分为公开、不公开	int
上传者标识	Up loader Id	上传者的用户 id	int
资源路径	File Path	视频在服务器上的地址	Varchar
md5	md5	用于标识视频的 md5 值，主要用于判断视频信息的唯一性，防止出现重复上传	Varchar
资源名称	File Name	视频在本地服务器上的名称	Varchar
Bucket 名称	Bucket Name	0：未上传到服务器（默认状态）。1：已上传到服务器	int

3. 已上传视频表

已上传视频表是在待上传视频表基础上形成的，其中增加了视频播放地址、视频截图路径、媒体类型、视频清晰度、视频时长、点击率等。增加的这些视频信息是当前视频在播放时常用的信息，目的是增加用户选择的准确度。已上传视频表具体设计如表 4-2-12 所示。

表 4-2-12　已上传视频表

属性名称	英文名	功能描述	类型
标识	id	视频 id，主键	int
项目代码	Item Code	11 位字符型编码，唯一标识	Char
标题	title	视频标题	Varchar
描述	description	视频描述（介绍）	Varchar
标签	tags	视频标签字符串，多个标签之间用逗号分隔	Varchar
知识点	knowledge	视频所属的知识点	Varchar
版权	copyright	版权：原创，转载	int
隐私	privacy	隐私：公开、本校、本年级等	int

属性名称	英文名	功能描述	类型
截图路径	Pic Url	自动视频截图（小尺寸）路径	Varchar
大尺寸截图路径	Big Pic Url	自动视频截图（大尺寸）的视频截图路径	Varchar
播放地址	Html Url	视频播放地址	Varchar
媒体类型	Media Type	媒体类型"视频"或"音频"	Varchar
视频时长	Total Time	视频时长，单位毫秒	int
清晰度	definition	视频清晰度 0（256p），1（360p），2（480p），3（720p）	Char
发布时间	Pub Date	视频发布时间指视频审核通过的发布时间，格式（yyyy-nnn-dd）	Date
点击率	Play Times	点击率，播放次数	int

4. 资源评论信息对象表

资源评论信息对象表主要用于存储所有资源评论信息，如表 4-2-13 所示。

表 4-2-13　资源评论信息对象表

属性名	英文名	功能描述	类型
标识	ID	资源对象唯一标识	Char（10）
资源编号	Resource Code	资源编号	Varchar（20）
资源评论等级	Comment Rank	用户对资源评论的等级	Varchar（5）
资源评论详情	Comment Detail	用户对资源评论的详情	Varchar（100）
评论用户编号	Comment User Code	评论用户编号	Varchar（20）
评论时间	Comment Time	用户评论时间	Date Time

5. 用户学习记录表

用户利用本平台进行学习后，系统会对用户的学习过程进行跟踪记录。用户学习记录表包括记录编号、用户账号、用户名、学习的视频名称、学习时间、提问题数等。这样，登陆管理员平台就可以查看学习用户在一段时间内的学习情况。用户学习记录表具体设计如表 4-2-14 所示。

表 4-2-14 用户学习记录表

属性名	英文名	功能描述	类型
标识	id	主键，自增（自动编号）	int
用户 id	Stu id	用户 id	int
用户名	username	用来标记用户名（外键）	Varchar（50）
视频名	Course Name	用来标记用户学习的视频名称	Varchar（50）
用户问题	Stu Question	用来记录用户提的问题数	int
学习时长	Learn Time	记录用户学习时间	Varchar（50）
评价	evaluation	记录用户观看视频时给予的评价	Varchar（300）

6. 评论回复表

管理员或其他用户可以对他人的留言进行回应，留言回复表记录了交流过程中详细信息。具体设计如表 4-2-15 所示。

表 4-2-15 评论回复表

属性名	英文名	功能描述	类型
标识	id	主键，自增（自动编号）	int
留言编号	Ml_id	留言编号	int
回复	ReContent	回复内容	Varchar（300）
回复人	rePeople	回复的用户名	Varchar（50）
回复时间	reTime	回复发布时间	datetime

（五）页面设计

Web 页面从用户角度出发进行设计，突出短视频教学资源平台的特点。在具体页面的布局上以朴素大方作为布局的基本原则，使用统一的页面布局，保证网站整体风格的一致性。

页面色彩以用户感觉舒适的要求为前提，达到总体规划中朴素大方的要求，避免使用过亮或过暗的色彩。使用明显的标志将页面内部的不同类型元素区分开来，同时辅助一些暗示性的效果以增强网站的导航性能。

二、构建初成

（一）测试

一个软件的完整开发过程经过了需求分析、设计、编码等步骤，而软件测试就是为了对这些软件开发的步骤进行复查，从而找出其中所存在的问题，方便修改。这是在前人的经验上总结出来的，对开发的目标软件能够达到客户的开发需求来说，软件测试是一个非常关键的环节。对于短视频教学资源库系统平台的设计和开发来说，软件测试对开发的目标软件系统是否满足了学校的需要以及能否达到不同系统平台用户的使用要求进行了复查。只有这样，才能对教学资源库平台的质量提供有力的保证。

对教学资源库平台进行测试，可以帮助开发人员发现问题，尽可能地发现这些问题并进行修改，从而达到检查平台软件质量的目的。软件开发过程有六个要素，其中软件需求分析和确认测试对应，总体设计对应集成测试，详细设计过程对应单元测试。因此，软件测试的过程与软件开发的过程是相反的。如图 4-2-27 所示，图为软件测试的过程。

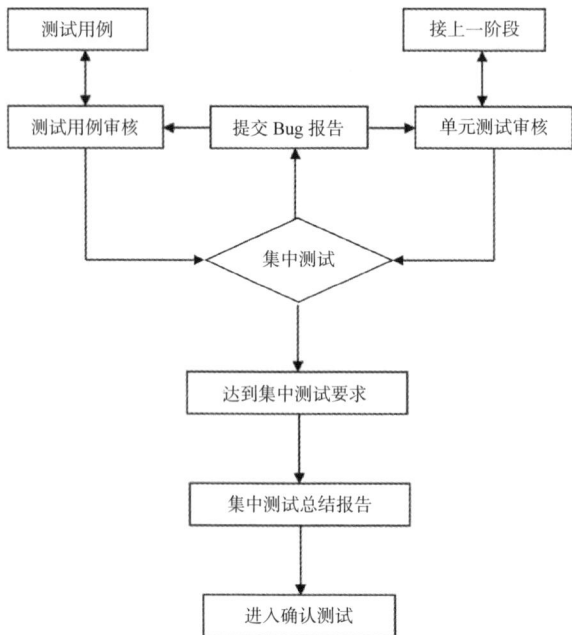

图 4-2-27　软件测试的过程图

测试目标软件能否达到客户的需求，主要从这几方面目标软件进行相应的测试，分别为功能、性能、可靠性和非功能性、易用性、可扩展性等多个方面。

1. 功能测试

目标软件开发出来之后，其拥有的各项功能能否满足用户的要求需要进行验证，这就需要对目标软件进行功能测试。

功能测试的类型主要包含两种，一种是手工测试，另一种是自动测试，其中自动测试需要运用其他的测试软件。对 B/S 架构的 Web 应用系统软件进行功能测试的过程中需要检查的内容有很多，如页面链接、按钮的功能、字符串长度、中文字符、信息完整性等等都需要进行一定的检测。要想实现软件测试，先要确定测试环境，其次是设计测试用例，最后是对目标软件进行测试，并对测试的结果进行分析。

（1）平台用户登录模块的测试

平台用户登录模块的测试的目的有两个方面，一方面，对于没有注册和已经注册的用户，平台能否进行准确识别，这需要进行检测；另一方面，用户的身份不同，有管理员用户、教师用户和学生用户，要对该系统能否准确识别用户的身份进行检查，从而满足不同用户对平台的功能需求。如表 4-2-16 所示，是具体平台用户登录模块测试的信息。

表 4-2-16 平台用户登录模块测试

测试编号	gncs-01
测试目的	①检测未注册用户的登录进行检测； ②检测已注册用户的登录是否正常； ③检测功能模块与用户的身份是否一致
测试方法	①登录链接，输入未注册的用户名和密码，点击登录按钮之后，能否正常登录到系统； ②登录链接，输入已注册的用户名和密码，点击登录按钮之后，系统的登录是否正常； ③从已注册用户中筛选出不同角色，登录系统之后，功能模块与用户角色是否一致
预期结果	①未注册用户不能登录系统； ②已注册用户能够正常登录系统； ③功能模块与用户角色一致
测试结果	①未注册用户不能登录系统； ②已注册用户能够正常登录系统； ③学生用户登录之后具有与之对应的操作角色；教师用户登录之后具有与之对应的操作角色

测试编号	gncs-01
备注	登录功能模块满足需求

（2）教学资源库管理功能模块的测试

教学资源库管理功能模块的测试的目的是检测系统平台是否能按照相关的要求对教学资源进行分类管理。

检测内容是，检测资源是否可以按院级和二级教学部门进行分类，检测资源是否可以按访问量进行排行，检测资源是否可以按资源的上传时间进行排行。如表 4-2-17 所示，表为教学资源库管理功能模块功能测试设计。

表 4-2-17　教学资源库管理功能模块功能测试

测试编号	gncs-02
测试的目的	（1）检测部门分类管理是否可以进行正常操作； （2）检测按访问量进行排行是否正常显示； （3）检测按资源上传的时间进行排行是否正常显示。
测试方法	（1）教学资源管理页面有一个按部门显示资源的按钮，点击之后，看资源能否按部门分类显示； （2）点击按访问量排行按钮之后，能否按访问量排行显示资源； （3）点击按上传时间显示资源按钮，看能否按上传时间显示资源。
预期结果	（1）按部门分类之后资源显示正常； （2）按访问量排行之后资源显示正常； （3）按上传时间排行之后资源显示正常。
测试结果	（1）按部门分类之后资源显示正常； （2）按访问量排行之后资源显示正常； （3）按上传时间排行之后资源显示正常。
备注	资源管理功能模块达到需求

（3）资源检索功能模块的功能测试

为了便于用户对平台中众多的短视频教学资源的检索，就必须向用户提供资源检索功能，平台中的资源是很多的，如果没有设置相应的查询检索功能，用户要从海量的资源中准确找到与自己需求相符的资源，具有很大的难度，因此，测试中，一定要对方便用户查询检索资源的资源检索模块功能进行非常详细测试，保证有效性和实用性。如表 4-2-18 所示，表为资源检索功能模块功能测试的具体测试设计。

表 4-2-18　资源检索功能模块功能测试

测试编号	gncs-03
测试的目的	检测输入关键词之后，是否能够准确检索到资源。
测试方法	在资源检索输入框中输入关键词，点击检索按钮，看检索的结果与关键词是否相关。
预期结果	输入关键词，能够找到相应的资源；如果资源库中没有对应的资源，页面自动给出提示信息。
测试结果	输入关键词，能够找到相应的资源；如果资源库中没有对应的资源，页面自动给出提示信息。
备注	组织 50 个学生用户同时进行在线资源检索测试

（4）资源上传功能模块的功能测试

教学资源库平台中一个非常重要的功能就是上传资源，因此，资源上传功能的正常与否需要进行检测。不仅要检测资源上传的过程是否正常，还要对不同类型的资源文件的上传是否正常进行检测，如果上传的文件符合要求，则能上传成功，反之，则上传不成功，系统并做出相应提示。如表 4-2-19 所示，表为资源上传功能模块功能测试的具体测试设计。

表 4-2-19　资源上传功能模块功能测试

测试编号	gncs-04
测试的目的	检测：按照指定要求，相关资源文件能否正常上传。资源文件上传之后数据库中是否写入该资源文件的信息。
测试方法	点击上传按钮，选择需要上传的资源文件，点击确认之后，查看资源上传的过程是否正常。
预期结果	按照资源上传模块的功能要求上传相应的资源文件之后，在相应目录中能够看到文件，并且资源库中有相应的信息写入；对于不符合要求的文件，则上传失败，系统并会给出相应的错误提示。
测试结果	按照资源上传模块的功能要求上传相应的资源文件之后，在相应目录中能够看到文件，并且资源库中有相应的信息写入；对于不符合要求的文件，则上传失败，系统并会给出相应的错误提示。
备注	分别选择不同类型及不同大小的资源文件进行上传检测，当文件大小超出范围或文件类型不对时，会给出相应的提示，说明此功能模块的测试达到预期的结果

（5）评论留言功能模块的功能测试

评论留言模块主要是为了实现已注册用户（学生）对短视频教学资源进行留言和评论。在线对老师提出疑问和问题，学生提交自己的问题之后，老师线上就能够看到学生所提到的问题，老师在登录自己的账户之后就可以进行相应的回答，并且相同的问题可以进行多个回答。老师的回答，学生在线上都可以看到，这个功能的利用，能够促进学生和教师之间的交流，因为在线下，一部分学生会不好意思方面向老师进行提问，这种在线提问的方式有效解决了这个障碍，这也是师生之间进行学习交流的一个新的途径。如表 4-2-20 所示，表为评论功能模块具体测试设计。

表 4-2-20　评论留言功能模块功能测试

测试编号	gncs-06
测试的目的	（1）检测已注册的学生用户的评论留言是否正常； （2）老师是否可以看到学生的评论，是否可以在线回答 （3）回答的答案是否显示正常
测试方法	（1）选择学生用户的账号密码登录系统，进入视频评论界面，查看输入和发表评论的过程是否正常； （2）选择老师用户的账号密码登录系统，进入视频评论界面，能否看到学生的评论，在评论留言回复界面输入问题答案，查看留言回复的过程是否正常 （3）教师回复之后，查看学生用户系统中能否看到
预期结果	（1）学生用户登录系统之后，能够在视频评论界面进行正常评论。 （2）教师用户登录系统之后，能够正常看到学生的评论，并可以对评论进行回复留言 （3）教师回复之后，学生用户能够看到教师的回复
测试结果	（1）学生用户登录系统之后，能够在视频评论界面进行正常评论。 （2）教师用户登录系统之后，能够正常看到学生的评论，并可以对评论进行回复留言 （3）教师回复之后，学生用户能够看到教师的回复
备注	评论留言功能模块能实现在线评论和在线回复的功能，符合要求

2. 性能测试

为了保证软件的质量，其中一个重要的测试就是性能测试。一个软件产品在性能方面的测试内容有多种类型，并且也是比较综合的。性能测试的对象通常有三个，分别是客户端、网络系统与服务器端。性能测试的具体内容主要包括三个方面：一是测试软件系统客户端的性能；二是测试软件系统网络传输的性能；三是测试软件系统服务器端的性能。Gtmetrix 工具能够很好地帮助我们测试目标系统平台 Web 层网页载入速度的性能，webkaka 工具能够很好地帮助我们测试目标系统平台压力。Gtmetrix 是国外的一个专门对网页载入速度进行评测的专业级的工具，并且这个评测是免费的，能够出具非常详细的报告，每一个网站的记录能够很好地保存下来，便于测试人员对一个网站载入速度的历史变化进行有效查看。webkaka 是一个网站压力在线测试平台，主要有两大部分组成，分别是压力测试、负载测试。压力测试主要是测试一个网站在特定持续压力的稳定运行，负载测试主要是测试网站瞬间能承受的压力。如表 4-2-21 所示，表为性能测试情况概要。

表 4-2-21　性能测试情况概要

性能	要求	测试情况	是	否
上传和下载速度	局域网中资源文件的上传、下载速度 ≥ 10Mb/s	10 ~ 35 Mb/s	√	☐
高峰时服务器处理能力	高峰时服务器处理速度不缓慢，用户连接服务器速度正常，资源上传 / 下载速度不缓慢	5 ~ 10Mb/s	√	☐
资源寻找速度	存储空间资源文件较多时寻找文件资源的速度不缓慢	从 1 万个资源中寻找，耗时 15ms	√	☐
动态扩容	实现存储空间的动态扩容	扩容成功	√	☐

3. 可靠性测试

可靠性测试是对短视频教学资源平台整体架构的功能进行测试，测试平台系统在单服务器断电、关机或系统崩溃等相关停止工作的情况下能否进行正常的运行，数据是否完好，没有出现丢失的情况；测试平台系统在硬件故障或维护切换期间等硬件停止工作的情况下系统能否正常运行，自动负载均衡能否实现，数据是否完好，有没有出现丢失的情况，等等。表位可靠性测试的具体情况如表 4-2-22 所示。

表 4-2-22　可靠性测试情况概要

内容	要求	情况	是	否
硬件故障或切换硬件	由于硬件出现故障、硬件维护切换等导致单硬件停止工作时，计算机仍正常运行且平台系统实现自动负载均衡，资源数据不会丢失	正常运行	√	□
断电、关机、系统崩溃等	由于单服务器断电、关机和系统崩溃等导致计算机停止工作时，测试采用级联与备用双向复制技术的平台系统正常运行，数据完好无丢失	正常运行	√	□
磁盘阵列类型	支持 RAID5、6、10 等类型	支持阵列	√	□

4. 安全性测试

在授权范围内，用户不能做出超出权限的操作，这需要进行测试。安全性测试主要采用 https 的方式，将数字证书与资源管理平台进行连接，检测非法连接能够连接成功；内部通信测试采用 SSCMIC 模型建立通信，如果是非法通信将被隔离。如表 4-2-23 所示，表位安全性测试具体情况。

表 4-2-23　安全性测试情况概要

内容	要求	情况	是	否
外部访问数据传输／通信方式	采取 https 的方式，数字证书连接资源管理平台，非法连接则不能连接	功能实现	√	□
用户权限控制	授权范围内，用户不能做出超出权限的操作	实现要求	√	□
云存储内部通信	云存储内部通信采用 SSCMIC 模型建立通信，非法通信被隔离	实现要求	√	□

5. 易用性测试

易用性测试包含以下内容，一是，测试用户使用资源管理平台的过程中，无须进行繁杂的安装操作，能够随时随地接入平台；二是，测试系统的兼容性，是否兼容 PC 平台上的各种浏览器，如 IE、firefox、chrome、safari 等；是否同时兼容移动端上各种浏览器；三是，测试操作界面是否简洁美观，操作习惯是否与

Windows 一致，在没有特别的培训的情况下，用户能否正常使用 Windows 系统。表 4-2-24 为易用性测试的具体情况。

表 4-2-24　易用性测试情况概要

测试内容	基本要求	测试情况	是	否
易安装性	安装操作简单，用户可以随时随地接入平台	无需安装	√	☐
高兼容性	同时兼容多个 PC 平台浏览器，同时还兼容移动端上各种浏览器	实现兼容	√	☐
易操作性	无需特别的培训，用户只要会使用 Windows 系统就可以轻易操作系统，用户易上手，没有改变操作习惯	实现要求	√	☐

6. 可扩展性测试

可扩展性测试的内容包括以下几点：一是，测试资源管理平台上计算机的 CPU、内存和硬盘接口数量能否进行可扩展与升级的操作，根据需要可以对计算机进行升级操作，而不需要另外购置新的服务器或存储节点；二是，测试存储空间的动态扩容或存储节点的增加是否正常；三是，测试计算机配置升级或者服务器和存储节点增加之后负载均衡能否正常实现。表 4-2-25 为可扩展性测试的具体情况。

表 4-2-25　可扩展性测试情况概要

功能	基本要求	测试情况	是	否
存储空间或节点动态扩容	对存储节点的存储空间进行动态扩容或直接增加存储节点，无缝动态扩容能够实现	支持扩容	√	☐
硬件可扩展性	实现计算机的 CPU、内存和硬盘接口数量可扩展与升级，计算机可以根据需要进行升级	支持扩展	√	☐
平台负载均衡	计算机配置升级或者服务器或存储节点增加之后，负载均衡能够正常实现	实现要求	√	☐

（二）优化

短视频教学资源平台设计主要目的之一就是在教师、学生以及管理人员之间建立一个能够进行资源共享的平台，促进师生之间的交流，大大提高教学效率，帮助学生更好地学习；除此之外还有一个目的就是运用大数据的思维对平台中的资源进行大数据分析和数据的挖掘，分析资源所具有的内在规律，从而更好地进行知识的挖掘。短视频教学资源平台是建立在云计算平台之上的，要想对教学资源进行更有效的利用，云平台数据分析的优势得到充分发挥，这就需要从教学资源数据的特点上优化 Hadoop 平台，从而提高数据分析、资源查询方面的效率。

1. Hadoop 优化简介

Hadoop 平台性能的影响因素有以下多个方面，不同大小的作业，机器的不同性能，Hadoop 的不同属性配置，不同类型和格式的 HDFS 存储数据，调度算法的实现，等等。因此，Hadoop 的性能优化问题具有多个维度。

在处理海量数据的效率方面，Hadoop 具有很大的优化空间，这是经过了大量的实验和实践所证明的。目前，处理的数据量在快速增长，集群在性能以及执行效率方面的压力也随之增大，因此，Hadoop 在很多方面需要进一步的改进。

2. Hadoop 优化策略

当前，对 Hadoop 集群的优化常用的策略有以下几种。

（1）作业调度的优化

Hadoop 所具备的作业调度器专门对作业任务进行调度，严重影响着集群的作业执行效率和系统吞吐量。一个优秀的作业调度算法能够对作业执行的顺序进行合理的规划，能够对资源的配置进行科学的分配，促进集群的作业执行效率的优化，大大提高其性能。目前，在作业调度算法优化方面进行了大量的研究，并且颇有成效。

（2）文件分布的优化

Hadoop 云平台有一个策略选择，根据这个策略 Hadoop 的文件分布是一个默认的配置。当时，在某些情况下，这个配置处理文件时所选用的方案并不是最佳的。这就对研究者提出了要求，需要对 Hadoop 文件分布的规律进行深入分析，将其中的缺陷找出来，并进行总结，从而研究出更好的文件分布方法。

（3）Hadoop 源码的优化

Hadoop 的开源性为 Hadoop 集群的优化提供了更多的选择，通常情况下，Hadoop 平台在 Hadoop 集群搭建完成的同时就完成了相应的默认配置。但是，对于所有情况来说，默认配置并不是完全适用。可以根据不同的要求适当修改对应源码的位置，从而让平台配置与当前的集群的试验环境以及软硬件要求相适应。

（4）Hadoop 参数的优化

Hadoop 是一个数据处理框架，这个平台是非常庞大的，Hadoop 平台配置了上百个参数，并且针对每一个参数都有一个默认配置，当然，对于不同的集群，这个参数并不一定是适用的。如果对这些参数进行合理配置，让它适用于 Hadoop 集群，那么能够大大提升集群的执行效率。

三、构建完毕

（一）维护

一个平台的生命力除了功能设计之外，使用过程中的维护与管理也是非常重要的。

1. 日常的运行维护

（1）分布式存储系统底层监控功能

系统上线之后，需要日常的营运工作，这个工作是繁杂的，监控系统运行状态机制的建立，能够帮助管理员更好地进行日常运营工作，帮助管理员在事发之前及时发现问题所在，能够有效避免故障的发生。

在短视频教学资源平台的分布式存储系统底层上，应该提供更加完善全面的监控管理功能，从而更好地保护资源和相关数据，建立有效的监控机制，云存储系统监控功能主要有以下几点，事前能够更好地掌握问题的"监控资讯分析功能"，对各监控对象 H/W、OS、AP 等运作状态进行搜集的"监控信息搜集功能"，对故障进行监控的"警戒值设置功能"，系统出现故障时的"故障通知功能"，工具本身管理的"管理功能"，等等。检测到异常事件时，系统能够自动生成异常错误日记，并以邮件的形式及时告知管理员（图 4-2-28）。

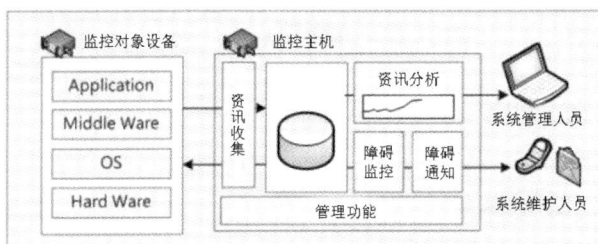

图 4-2-28　系统底层监控实现机制

（2）整体弹性扩展和服务高可用性功能

在短视频教学资源平台中，系统架构能够进行高弹性的扩展，并且具有服务高可用性，对 TB 级容量的管理是非常有效的，能够将 TB 级容量进行扩展。理论上，容量的扩展是无限的，但是需要有一个重要前提，就是计算机的处理能力能够适应存储容量的增长，除此之外，还需要一些技术的辅助，当弹性调整物理存储节点时，系统在服务发现功能的支持下，可以在繁忙时增加服务能力，在非峰值阶段释放服务能力，实现快速扩展和收缩的功能；对新加入的节点或被删除的节点能够自动进行负载均衡，实现弹性伸缩和服务高可用性。

弹性扩张转换速度在架构上有一定的限制性，并且，在业务上需要进行一定的成本控制，因此，一定要对以下几方面进行考虑，一是考虑有多少联机备用容量提供变化的负载使用，二是考虑在达到高水位阈值的情况下触发弹性扩张事件来提供更多的资源，三是在负载低水位阈值的时候触发弹性收缩事件来释放多余的资源。基于以上考虑，应用架构设计过程中应该注意以下几方面。

①在合理负载范围内应用所消耗的存储资源，根据量化的单位进行水平和垂直的扩张与伸缩。

②应用能够根据扩张或收缩策略来触发控制软件，应用具有获取容量监控信息。

③应用架构应具有负载超过所支持的水平和垂直扩张范围时，可以在另一个数据中心或节点中启动并独立运行。

④当触发弹性扩张或收缩事件时，应用具有生成适当的管理事件并生成管理日记记录。

2. 引入经营理念

一个平台以网站的形式运行后，就意味着要经营才能不被淘汰。短视频教学资源平台的具体经营、组织运行由教务处负责，技术维护由信息与网络中心负责。

短视频教学资源库建设与教学资源平台应用的开展，要与教师和教学管理人员的绩效评价挂钩，制定科学、量化的评价标准，调动教研室和教学人员的积极性。建立开辟栏目与资源提供的评比体系，组织专家评定小组，调动用户参与建设的热情，使在线教育充满活力。

（二）安全

1. 程序安全保障

短视频教学资源平台的安全主要包含两个方面，一方面是教学资源内容的安全，另一方面是网络安全，设计过程中可以采取以下几种措施。

（1）不同的教育资源有不同的产权和密级，并没有对所有的用户开放，因此，设计中要对用户的等级进行设置，如一些内容仅对管理员开放，一些内容仅对 VIP 用户开放；在进行资源提交和上传时，还可以设置相应的使用方式，如视频文件能够下载等。

（2）用户注册之后，经过管理员的审核通过之后才能对教学平台的功能进行正常使用。而用户所提交的资源也需要经过相关管理人员的审核通过之后，在程序上才能正式入库，这样能够对内容的可靠性和资源的质量进行有效保证。

（3）管理员与用户平台分开，防止非法用户进入管理员平台对后台数据库信息进行非法操作。

（4）教学平台运行中，学院园区网设置防火墙，防止病毒的侵蚀和黑客的攻击。限定 IP 或指定 IP 范围以控制访问平台的用户数量。

2. 技术安全保障

（1）数据加密处理

云存储系统的数据受到了数据集中管理的影响，并且数据安全方面的问题是至关重要的，主要体现在三个方面，分别是：数据访问安全、数据存储安全以及数据安全管理。分布式存储系统的云存储安全性中有密文访问控制，这是用户在数据使用中对数据传输安全进行有效控制的核心，通过对用户进行认证和授权为用户提供正确的使用服务，其中认证的方式有两种，分别是集中式认证和去中心认证。

为了保证个人数据资源和信息的安全性，不仅要在各传感器之间应用加密技术，还要在传感器与服务器之间应用加密技术。数据传输安全的实现主要是通过加密处理技术的运用，使得数据在传输和存储过程中不会因为被拦截而出现泄露或被篡改的情况。数据传输加密可以选择在不同层次上进行实现，如网络层、链路层或传输层等等。不同的数据文件用不同的密钥进行逐个加密，数据文件内容可以通过网络传输加密技术的运用，从而对网络传输数据文件和信息的机密性、可用性以及完整性进行有效保证。与此同时，管理信息方面的加密传输可以通过 SSH、SSL 等方式的运用提供数据加密通道，用户数据方面的加密传输可以通过 IPsec、VPN、SSL 等技术的运用提高用户数据传输的安全等级。

（2）数据容灾保护

软件和硬件出现一些故障是避免不了的。对于关键服务来说，突如其来的中断或停止超过了限定时间，这是不允许的。资源数据的可用性和完整性是保障系统的重要前提，因此，在重要的系统中一般都会部署一些高可用中间件和冗余部件，这样可以对故障进行快速检测和恢复，避免或减少故障所带来的损失。云存储系统能够对严重的故障进行自动检测，同时能够找出故障单元并将用户流切换至冗余单元，从而对服务进行迅速的恢复，保证云存储系统中数据的服务高可靠性和服务高可用性，同时，也实现了云存储系统的负载均衡以及整体弹性扩展。

第三节　学习平台移动终端的建设

随着互联网和移动技术的发展，越来越多的人开始通过移动终端获取信息和学习资源，目前移动终端系统以 iOS 系统和 Android 系统为主，即在研发和设计适用于移动终端的应用程序时需要以此两种系统为依托，以达到服务于更多用户的目的。

现如今，几乎每一名学生都随身携带着手机，相较于电脑 Web 端，手机移动终端更便于短视频教学资源的观看与应用。我们所构建的短视频教学资源平台，应充分需要考虑用户端的需求，并兼顾服务端、管理端的需求，以确保软件的可拓展性、维护便捷性和易操作性等，从而全面提升学习者、管理者的应用体验。

一、移动端平台的设计目标和功能需求

在第一节、第二节中，我们实际上已经将短视频教学资源平台的设计目标、功能需求进行了详细阐述，这里主要针对移动终端的特点进行相对应的介绍。

（一）设计目标

将各种短视频教学资源存储于软件终端服务器上，学习者在移动终端安装软

件，在网络环境下即可登录，打开客户端搜索、选择视频进行相应学习。在学习的过程中，学习者可以随时保存、收藏视频，还可与教师、其他学习者远程交流。教学资源的发布者可通过后台数据服务器对短视频教学资源进行添加、修改等操作，以便为学习者提供更优质的学习资料。

（二）功能需求

1. 应用程序需求

（1）可扩展性

这一点对于移动终端来说格外重要。随着移动在线学习的普及，必然要对教学平台进行升级更新，确保其可拓展性才能为后续开发提供便利。在设计时需考虑所使用的开发技术是否能满足可拓展性的需求，且应使用可以方便快捷升级更新的技术。如果我们所开发出的短视频教学资源平台移动终端十分陈旧，无法跟上科技潮流，那么学生也不会愿意打开它，会被其他更新的 APP 所吸引。

（2）维护便捷性

由于学生随时随地都会拿起手机、平板观看短视频，所以移动终端尤其要注重维护便捷性。教学平台在使用过程中可能会显露出一些缺陷，基于这一点，学习平台在设计时要确保在漏洞、缺陷修复的过程中，不会造成其他功能的运行障碍。因此，在短视频教学资源平台移动终端的研发中，应采用耦合度最低的、先进的设计模式，当出现漏洞或缺陷时，只需要更改少量代码，就可以让教学平台的程序恢复正常。如果学生在碎片化时间打开手机，想观看教学短视频，却发现 APP 正在维护，难免心生烦闷，学习欲望自然会大打折扣。

（3）易操作性

对用户而言，教学平台是否好用、易上手是他们选择的关键，这也是教学平台能否受到市场青睐的关键所在。特别在设计短视频教学资源平台移动终端时，要考虑到当前移动终端设备的智能化、大屏化特点，简洁的学习平台界面能够为用户提供更为方面的操作，界面上提示图标的设置能够方便用户操作和使用。

2. 学习功能需求

学习功能需求和 Web 端类似，都主要包括两方面内容。

（1）视频学习需求，提供多元化的视频课程供学习者选择。

（2）交流互动需求，为学习者提供通信服务，帮助学习者建立连接，提供交流互动服务。

3. 管理功能需求

（1）系统管理需求，根据系统运行情况设置参数、发布软件更新通知。

（2）用户管理需求，对利用软件学习的用户进行管理。

（3）短视频管理需求，对服务器中存储的短视频教学资源进行定期更新和编辑等。

二、移动端平台的技术设计

（一）整体架构设计

在设计整体架构时，需要注意两个方面：一是考虑用户的学习需求；二是考虑资源上传、更新和平台运行管理需求。从这两个方面出发，设计从用户端到操作端的平台框架。在这个框架中，教师或教学信息资源的提供者登录操作端，通过连接互联网，对服务器进行访问，然后上传资源。学习者通过登录移动终端设备即用户端，连接移动网络访问服务器，获得学习资源。

（二）层级结构设计

平台设计方面可以 C/S 架构为基础，以低耦合度为目标，框架构可以设计为6层：

第一层是数据处理层，所有的教学信息资源在这一层进行了汇聚、编辑，并在音频、视频资料整合的基础上形成了最初的数据表格；

第二层是核心逻辑层，对测验、交互等进行管理；

第三层是接口服务层，为各种移动终端设备搭建接口，提供通道；

第四层是网络通信层，连接网络信号能够帮助使用者和平台的通信连接的实现；

第五层是界面控制层，通过点击跳转响应用户操作；

第六层是业务功能层，服务对象是学习者和平台管理者，主要是为他们提供相应的业务服务，如对学习者的学习数据进行相应的记录，并向平台的开发者和教师进行反馈，获取软件运行中的数据参数，进行各种逻辑函数编写，对平台运行进行维护管理。

这 6 个层级的架构突出了代码的可维护性，如果软件运行出现故障，维护将会是更便捷的。与此同时，这 6 个层次之间是相互独立的，每个层级之间的耦合度是非常低的，开发过程中对开发的进度能够有效保证，对软件的复杂性起到降低的作用，也让结构设计更为清晰。

（三）接口设计

接口加载的速度直接影响用户的体验感受，为确保平台的体验效果，在接口设计时，建议选择可以加快接口的加载过程的开发技术，从而使学习者在登录的瞬间，平台的接口就开始自动加载，当用户输入或点击相应的接口时，接口服务器就会快速启动运转，从而给用户提供快速的加载体验。

三、移动端平台的功能模块设计

在功能模块方面，移动端平台和 Web 平台大同小异，是共通的。在此，我们结合移动端平台特点，简要进行介绍，不再过多重复阐述。

移动端平台总体分为三大功能模块：一是在线视频学习模块；二是用户管理模块；三是后台管理模块。

（一）在线视频学习模块

在线视频学习模块要能够满足学习者多方面的学习需求，为学习者提供视频学习、交流互动等在内的全套式学习服务。

1. 短视频学习模块

该模块主要为学习者提供短视频教学资源，供学习者观看欣赏。短视频学习模块的资源种类丰富、包罗万象，学习者可以选择自己感兴趣的内容播放。在视频学习模块设计有移动设备播放控制器，学习者可以根据需要点击暂停、播放、回放、快进、快退等按钮，进行相应操作。

2. 交流互动模块

该模块的实现依赖于用户数据报协议技术，利用用户数据报协议数据传输功能建立学习者之间的联系。移动终端上的短视频教学资源平台的学习者只要在这个模块中输入对方的 IP，就能向对方发通信请求，经过对方的同意，学习者之间就能够进行在线及时交流。

（二）用户管理模块

用户管理模块主要是用来管理用户，为用户提供良好的体验。在用户管理模块中，可以将用户分为两类，分别为普通用户和会员用户，对于会员用户，这个模块会提供相对较多的学习资源。对普通用户和会员用户的管理包括用户注册、用户登录、资料修改、用户评价。用户发出登录请求后，即可输入用户名、密码进行身份验证，验证成功后就可登录到学习软件上，而管理员则可以查看用户信息，对用户操作行为进行管理维护。为确保用户管理功能的实现，需要在数据库中建立用户信息数据表，并设计相应的登录界面按钮供用户使用，在系统界面的布局上采用垂直线性布局，给用户提供便捷的登录服务。

（三）后台管理模块

后台管理模块主要对用户、学习资源进行管理，管理员登录这个界面后就可以在服务器端的后台对用户及学习资源进行统一管理。平台设计时可以采用JSON 数据交换格式实现管理员的交互管理，同时考虑到学习者在不同移动终端设备上安装该软件进行学习的需求，要注意设计通用的视频播放框架，以充分支持各种视频码流自如转换。管理员在后台管理系统中，可以上传短视频资源，同时对用户和系统进行管理，确保后台系统的稳健运行。

管理员在后台可以及时上传、更新短视频教学资源，并对内容进行审查，只有审核通过的内容才能上传。对用户进行管理时，管理员能够查看已注册用户的相关信息，用户的信息经过审核通过之后，用户才能登录平台进行学习，这种方式对平台的安全起到了保障的作用。在对系统进行管理的过程中，可以依据平台运行的状态以及软件升级的需要，对参数进行及时的调整，并在对软件进行升级更新处理时向所有用户发布相关的通知。后台管理员的管理和维护能够有效保障软件的正常运行。

第五章　教学资源平台应用模式分析

构建短视频教学资源平台归根结底是为了对其进行应用，本章对教学资源平台应用模式进行分析，主要分为三部分内容，包括翻转课堂应用模式、微课应用模式和交互式微视频教学应用模式。

第一节　翻转课堂应用模式

一、翻转课堂概述

（一）翻转课堂的内涵

传统的课堂教学过程包括知识传递和知识内化两个阶段。知识传递主要是在课上完成的，主要是通过教师讲授的方式进行知识的传递；知识内化是在课后完成，主要是通过向学生布置作业、练习或实践活动来实现的。翻转课堂颠倒了这种传统的模式，知识传递在课前完成，主要通过教学短视频或其他学习资料的方式来实现的；知识内化在课中完成，主要通过一系列教学活动来实现，教师在这个过程中是指导者、辅导者和答疑者。我们将这种颠倒的教学过程和教学环节发生变化的新的教学模式称为翻转课堂。

（二）翻转课堂的特征

1.教师角色的转变

翻转课堂改变了教师的角色，传统课堂中教师是知识传授者，而在翻转课堂中教师是学习的指导者和促进者。也就是说教师不再是教学活动的中心，但是教师仍然在学习的互动中担任指导者和促进者的角色。翻转课堂使遇到问题的学生可以在线上或线下向教师提出问题，时间不再限于课上，可以是课前，可以是课中，也可以是课后，与此同时，教师也可以在线上或线下为学生提供指导和帮助。从此之后，教师担任这三重角色，即课前学生学习资源的提供者、课中教学活动的设计指导者和课后考试测验的组织开展者。

2. 学生角色的转变

随着时代的发展，教育信息化也得到了快速发展，随之而来的是，教育也进入了网络时代，教师通过短视频教学资源平台的运用，为学生提供了丰富的学习资源。学生在该平台中可以获取学习资源，从而进行自我知识的构建。在信息技术的支持下，学生成为个性化的学习者，他们可以在任何时间、任何地点对任何学习内容进行学习。

当然，学生在翻转课堂中所进行的学习并非独立的，并不是简单的看完短视频就完成学习了，在课中环节设置了大量的教学活动，这些教学活动是由教师精心设计的，需要学生进行高度的参与，如小组合作环节，小组成员之间需要反复的讨论和交流；在成果汇报环节，师生之间需要一定的互动。由此可知，翻转课堂可以说是一个由教师进行活动的组织、由学生进行活动的参与的课堂；也是一个对所吸收的知识进行内化的课堂，在这个课堂上，学生是主体。

3. 课堂时间重新分配

翻转课堂大大减少了教师的课堂教授实践，大大增加了学生在课堂上学习活动的参与和交流讨论的时间。教学活动的精心设计离不开教师课前对反馈信息的收集，课堂上的这些教学活动既能够促进学生学习兴趣，又能够让学生在参与学习的同时掌握知识，从而更好地完成学习任务。课堂上的时间不再是教师单一的讲授，而是让学生更多地参与到教学活动中，对相关的知识和问题进行讨论和交流，这样不仅能够提高学生的问题探究能力，还能提高学生的交流演示能力。由此可知，翻转课堂提高了学生对知识的理解程度，为学生知识网络系统的构建提供了帮助。

二、基于短视频的翻转课堂教学的合理性分析

（一）符合教育信息化发展的趋势

信息技术的发展和科学技术的不断进步，给传统教学模式提出了更大的挑战，

传统教学中"满堂灌""填鸭式"的教育形式已经不能满足社会的发展，在这种背景下，基于短视频的翻转课堂教学模式应运而生。这个教学模式中，学生是主体，教师是主导者，对传统教育模式来说，这是一种教学模式的颠覆。这种教学模式促进了学生能力的发展，对学生的个性发展发挥着重要的促进作用；除此之外，也对培养和提高了学生的学习能力和合作能力，对素质教育的发展发挥着重要的推动作用。因此，在短视频教学资源平台的应用中，翻转课堂教学是一种极佳的模式。

（二）由短视频的便利性特点决定

短视频的目标是明确的，短视频也是短小而精悍的，其学习方式也是非常自由和多样的，极大地便利了翻转课堂教学的顺利开展。翻转课堂能够打破学习时空的限制，是非常方便和快捷的，这离不开短视频的基本特点。学习者可以根据自身的需要，在任何时间和地点进行知识点的学习，能够帮助学生进行针对性的学习，提高学生的学习效率。由此可见，在翻转课堂中运用短视频是非常有必要的。

（三）根据短视频在翻转课堂中的实际应用情况决定

目前，基于短视频的翻转课堂教学在很多学校中得到了很好的发展，所取得的成效也是非常显著的。实践证明，在翻转课堂教学中应用短视频能够让学生更加积极主动的学习，得到了师生的广泛喜爱。

三、基于短视频的典型翻转课堂教学案例分析

（一）可汗学院翻转课堂教学模式

1. 概述

可汗学院是一家非营利性教育机构，以在线视频课程的方式向全球提供高质量的教学短视频。可汗学院自成立以来，录制了大量的教学短视频，吸引了无数的观众的观看。在教育领域，可汗学院可谓是超级巨星。

萨尔曼·可汗是可汗学院翻转课堂教学模式的创始人，他之前在美国一家基金公司担任金融分析师一职。2004 年，萨尔曼·可汗通过运用雅虎聊天软件、互

动写字板和 Skype 网络电话为他的表妹辅导数学，他的表妹的成绩得到了显著提升，之后，他的侄子、外甥和外甥女纷纷上门讨教，但是萨尔曼·可汗根本忙不过来，就将自己的数学辅导材料录制成视频，并将其上传到 YouTube 视频网站上，之后，他所录制的教学视频得到了很多人的分享和好评。因此，萨尔曼·可汗于2006 年创办了著名的可汗学院。

2. 实施过程

可汗学院翻转课堂教学模式主要由三个模块组成，分别是教学设计者模块、教师模块和学生模块。

（1）教学设计者模块。在这个模块中教学设计者所做的工作有两项：一是对学生学习的环境进行创建，在平台上学生能够独立探索、合作学习、交流成果以及反馈评价；二是，对教学内容进行确定，并根据所确定的教学内容制作相应的教学短视频，并设计练习题目。

（2）教师模块。在可汗学院翻转课堂教学模式中，需要教师做的工作非常多。首先，教师要对自己所教的科目和内容进行确定，从而制定相应的学习任务；其次，教师要在线上追踪学生的学习情况，并对学生进行学习督促，在必要的时候还要为学生提供指导和帮助；最后，教师根据教师的学习成果进行相应的检验和测评，并将检验和测评结果向学生本人反馈。

（3）学生模块。在可汗学院翻转课堂教学模式中，学生的学习活动主要有三个，一是观看教学短视频，学习教学内容；二是平台交流、小组协作；三是课后练习，巩固知识。需要注意的是，后两个学习活动不分先后，当时都在第一个学习互动之后完成。

综上可知，三个模块之间的连接离不开信息技术的发展，如果没有信息技术的支撑，那么可汗学院翻转课堂教学模式将无法实施。

（二）美国林地高中翻转课堂教学模式

1. 概述

乔纳森·伯尔曼和亚伦·萨姆斯是美国科罗拉多州落基山州学校林地公园高中的化学教师，2007 年起，他们通过运用屏幕捕捉软件对 PowerPoint 演示文稿的播放和讲解视频进行录制，并在 YouTube 视频网站上传，从而为没有上课的学生进行课程补习。后来，逐渐发展为学生在家看视频听讲解，在课堂上留出更多的时间为作业没有完成的学生或者实验过程中遇到困难的学生提供指导和帮助。不久之后，这些在线教学短视频被学生广泛接受，并迅速传播开来。这两位教师的实践得到了很大的关注，并常常被邀请来介绍这种翻转课堂教学模式

2. 实施过程

美国林地高中翻转课堂教学模式涉及课前、课中和课后三个环节。

（1）课前环节。该环节教师的主要工作是对教学内容进行确定，对教学短视频进行制作并发布。这些短视频可以是网上现有的视频，也可以是教师自己录制的视频。学生的主要任务是对教学短视频进行观看，并在观看的过程中做好学习笔记。该环节师生之间的工作并不是同步的，具有相对独立性。

（2）课中环节。该环节是整个教育模式的关键环节。教师不会对课前的知识进行重复的讲授，而是与学生共同讨论和交流他们课前学习中所遇到的问题。之后，学生在教师的指导下进行相应的实验，教师为学生提供必要的帮助和指导。最后，学生在剩余的时间里做教师布置的练习和作业，从而对所学到的知识进行进一步的巩固、强化和吸收。这个环节与课前环节不同的是，师生之间的工作是同步的，教学活动的实施需要师生的共同参与，教师在这个环节中充当指导者的角色。

（3）课后环节。这个环节相对比较简单，教师和学生都会对前两个环节的学习做出相应的反馈和总结，教师对学生在前两个环节中的表现进行反馈和总结，学生对前两个环节中的学习进行反馈，并对实验的结果和作业练习的情况进行总结。

由于精力和资金的限制，两位教师并没有开发像可汗学院那样的教学平台，而是将自己制作的教学短视频在 YouTube 视频网站进行了发布，学生在网上就能对这些教学短视频进行观看和学习。

四、基于短视频的翻转课堂教学模式构建

基于短视频的翻转课堂教学模式包括三个环节，分别是课前环节、课中环节和课后环节。

（1）课前环节的构成要素有：教师制作或选择教学短视频、教师设计课前自主学习任务单、学生观看教学短视频、学生完成课前自主学习任务单、学生标

记疑惑提出问题等。

（2）课中环节的构成要素有：学习内容热身、学生独立作业、小组协作学习、学习成果展示、教师指导辅导、教师评价反馈等。

（3）课后环节的构成要素有：学生制作作品、学生分享作品、教师评价作品、学生互评作品、期中期末考试等。

如图 5-1-1 所示，图为基于短视频的翻转课堂教学模式的构建。

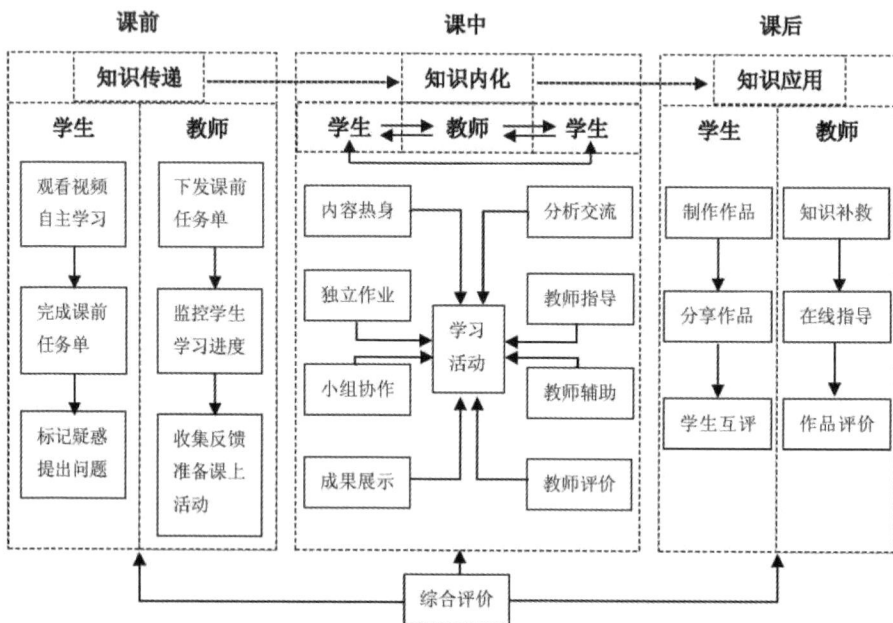

图 5-1-1　基于短视频的翻转课堂教学模式

五、基于短视频的翻转课堂教学活动设计

（一）课前教学活动设计

在翻转课堂教学模式中，课前教学活动的设计是重中之重。

1. 教师课前任务设计

（1）分析教学目标

翻转课堂实施之前，教师的首要任务是分析教学目标，教学目标就是翻转课堂教学活动实施之后所期望的预期结果。对教学目标进行分析，教师能够对学生的兴趣、想法和学习内容进行明确。教学目标明确和清晰之后，教学才会具有针对性，才能在课中教学环节对教学方法进行明确，适当的选用探究式、任务驱动式等教学方法。通过课前对教学目标进行分析，教师能够总结出适合运用短视频教学的内容、适合课堂上呈现的内容、适合师生或生生合作完成的内容，这样大大地提高了教学效果，避免了教学的盲目性和无目的性。

（2）制作教学短视频

基于短视频的翻转课堂实施之前，教师需要准备很多内容，首先，教师要搜集适合教学的短视频资源，这个过程可以在短视频教学资源平台上进行；其次，如果教师没有找到适合教学的短视频资源，那么教师要自己制作适合教学的短视频，并在短视频教学资源平台上传该视频。教学短视频制作的过程中，教师可以按照章节、知识点、典型例题来划分。

（3）设计课前自主学习任务单

课前自主学习任务单的实际是教师在实施翻转课堂前又一个重要的任务。根据自主学习任务单，学生在短视频教学资源平台上观看相应的教学短视频或相关学习资料，从而对课前学习内容进行一定的掌握，增加了学生的学习的主动性和探究性。表 5-1-1 为课前自主学习任务单目标，以供参考。

表 5-1-1　课前自主学习任务单模板

一、学习指南		
课题名称	用年级 + 课程名称 + 章节名称 + 教学内容表示	备注
教学目标	根据《课前自主学习任务单》观看教学短视频，并完成相应的任务，要善于把教学目标转化成达成目标。	备注
课前学习材料	例如： XX 教材 XX 章 XX 节 XX 教学短视频（标明时长或链接地址）、相关学习材料（Word 或者 PDF 格式）、练习题目 + 附加题目	备注
课堂学习形式预告	对于课堂教学组织形式，可以采用流程图、思维导图等形式进行简要说明。主要是为了让学生明确自主学习知识与课堂内化知识的关系。	备注

续表

二、课前学习任务单	
通过观看教学短视频或教学课件自学，完成下列任务（视频主题应明确，时长要标明，任务应含有必要的提示等帮助性信息）。 要求：（1）把达成目标转化为问题； 　　　（2）把教学重点、难点转化为问题； 　　　（3）把其他的知识点转化为问题。	备注
三、反馈与建议	
自主学习之后，将遇到的困惑进行标注，并向教师进行反馈。 对于教学短视频的建议可以向教师进行反馈。 对于课前自主学习任务单的建议可以向教师进行反馈。	备注：此栏目仅限学生填写
备注	栏目不够用，可自行扩展。 括号内为提示信息，教师在设计课前自主学习任务单时，应删除。　备注

（4）收集反馈、问题，准备课中活动

收集反馈与问题、准备课中活动是教师实施翻转课堂课之前的最后一项任务，学生在自主学习之后会将学习中遇到的问题和困惑进行标记，教师应该将学生标记的问题和困惑进行收集，对课中讲解的活动进行准备。除此之外，教师也应该将学生对教学短视频的建议进行收集，及时对短视频进行相应的调整，从而制作出适合自己学生的和风格独特的教学短视频。

2. 学生课前学习活动

（1）观看教学短视频，阅读相关学习资料

学生课前应该进行自主学习，在短视频教学资源平台上观看相关教学短视频或者阅读相关学习资料。学习速度快的学生能够很快地学习知识，而学习速度慢的学生，他们可以根据自己的学习进度和速度进行学习，不用担心出现像传统课堂上跟不上教师节奏的问题。在短视频教学资源平台上，学习速度慢的学生可以根据自己的实际情况对教学短视频进行适当的停顿，也可以无限次的重复观看。

（2）完成课前自主学习任务，反馈问题与建议

课前自主学习任务单能够帮助学生进行有效的自主学习，学生根据课前自主学习任务单进行教学短视频的观看或进行学习资料的阅读。学生在进行教学短视

频观看的同时也要将自主学习任务单中的任务完成。自主学习任务单中的任务主要是针对视频中的知识点或者重难点专门设置的，主要是为了让学生对这些知识点和重难点更好地掌握。

学生在观看教学短视频的过程中，将遇到的问题或者困惑标记，学生遇到的问题和困惑后可以向教师反馈，也可以带到课堂上，这样，学生就能对自己的学习步调完全掌握，从而形成自己的学习风格。

（二）课中教学活动设计

教师要想对课堂教学方式进行创新，就要抓住内化和拓展这两个关键词。在整个翻转课堂实施过程中，课中活动设计是至关重要的一个环节，课前学生对知识的自主学习是知识传递的过程，课中活动中学生的学习活动是知识内化的过程。课中活动的设计和组织主要是为了帮助学生对课前所学的知识进行更好的内化，对知识进行更深入的理解。图 5-1-2 为翻转课堂课中活动流程图，这个流程图仅供参考。

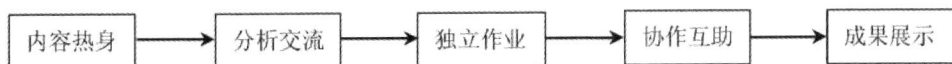

内容热身　→　分析交流　→　独立作业　→　协作互助　→　成果展示

图 5-1-2　翻转课堂课中活动流程图

1. 内容热身

内容热身是一堂课的开始，课堂上热身活动的成功组织和实施使学生提高了课堂活动的参与性和积极性，并在课堂上发挥着极其重要的促进作用，能够激发学生学习知识和掌握主题内容的高度热情，能够帮助学生更好地投入到课堂上的交流活动中。翻转课堂上内容热身就是让学生回顾课前在短视频教学资源平台上所学习的内容，让学生准备自己在课前学习中遇到的问题，便于在课上将问题解决。

2. 分析交流

分析交流是翻转课堂课中活动实施过程的第二步。不同的学生具备的认知水平和知识结构也是有所不同的，因此学生在课前所进行的自主学习过程中对知识的认知也会有所不同，这样导致学生之间的认知是不平衡的，然而这种认知不平衡又会导致新的认知结构的产生。因此，教师要对课前学生自主学习后所提出的问题和建议进行深入分析，从而确定课堂上需要集中讲解和不需要集中讲解的内容，对于不需要集中讲解的内容可以在学生小组内部解决。在传统课堂中，教师是整个教学活动的中心，师生之间的交流也只是学生提问和教师回答，师生之间是一种不平等的关系。翻转课堂上，学生是课堂学习活动的主体，学生在教师集中讲解之后可以向教师请教自己课前自主学习中所遇到的问题和困惑，与教师和其他同学进行讨论和交流。这样，学生能够在交流和讨论中对知识进行内化。

3. 独立作业

独立作业是课堂上分析交流之后的又一个重要的环节，没有作业就不能实现翻转课堂，作业的设计一定要将进阶性和梯度性体现出来。与此同时，对于"最近发展区理论"，要尽可能地贯彻，从而最大程度上激发学生的潜能。独立学习的能力应该是学生必须具备的，因为这是个体在社会上生存所需要的重要方式，如果一个人无法独立学习，那么这个人将无法在社会中生存。传统课堂中学生的学习主要依赖于教师，课堂上的时间主要是教师用来对知识的讲授，而大量的作业占据了学生课下的时间，学生进行独立学习的时间主要完成课后作业。

学生在知识内化和认知结构形成的过程中，需要进行独立的思考和总结，教师在其中充当着指导者的角色，并不能取代学生的思考和学习。翻转课堂能够帮助学生进行个性化的学习，学生在课堂上能够独立完成教师布置的作业。在完成独立作业的同时，学生能够了解自己对知识的认识程度以及自己所形成的知识的认知结构，从而对知识进行进一步的巩固。教师在学生进行独立学习的整个过程中，给予实时和适当的指导和辅助，从而帮助学生更好地构建自己的认知结构。

4. 协作互助

小组协作是独立作业之后所进行的学习活动。学生经过独立作业和探索之后，对自己的认知结构已经进行了构建，但是要想完成对知识的深度内化，需要学生之间进行交流和互相帮助。在传统课堂中，学生基本上是独立完成课后作业的，同伴之间缺乏交流和互助。在翻转课堂中，学生与学生之间进行了很好的协作和交流。在翻转课堂协作互助环节通常采用一种教学方法——同伴教学法，这种方法能够对学生对于知识的理解和掌握程度进行检验，对学生参与学习活动的积极性发挥着重要的促进作用。

翻转课堂上，教师需要适时地向学生提出问题，这些问题是经过教师精心设计的，问题的提出也是阶段性的。这些问题的设计能够帮助学生解决在课堂学习活动中所产生的困惑和问题。学生需要运用几分钟的时间来对这些问题做出见解和答案，之后经过小组的讨论和协作达成共识。

小组讨论能够帮助学生更好地剖析和解释知识点，与此同时，也帮助那些未找到正确答案的小组成员，帮助他们理清问题并形成正确的认知。教师在这个过程中，应该适时地为学生提供指导和帮助，帮学生澄清一些错误的认知。协作互助能够改变学生对待学习的态度，提高学生课堂活动的参与积极性，激发他们的批判性思维。

5. 成果展示

经过独立学习和小组协作学习这两个环节，学生能够形成自己的或者小组学习的成果。在成果展示环节，各个小组派出学生代表对独立学习和小组协作学习这两个环节中解决的问题和未解决的问题进行成果展示。其中展示的方式有很多种，可以是展示会或报告会的形式，也可以是比赛式或者辩论赛的形式，因此，展示是一种非常高效的学习策略。成果展示环节中，学生通过教师或者其他小组的点评能够更深入地理解知识点，与此同时，对于其他小组的展示，可以学习和借鉴，对自己存在的缺陷进行弥补，从而达到共同进步的目的。

在成果展示环节，学生能够体会到学习所带来的乐趣，并且这个环节不仅能够改变学生学习的态度，还能增强学生的信心。

在这个环节中，教师需要做到两点：（1）努力创设公平、自由、民主的课堂环节，为每一学生提供成果展示的机会。（2）点评小组成果展示，对学生知识的掌握程度进行明确，为学生给予及时的知识补救。

（三）课后教学活动设计

翻转课堂与传统课堂在课后学习活动中也有很大的区别。

传统课堂上以课后作业的形式让学生进行知识的内化、实践应用以及拓展延伸，在这个过程中，学生通常是孤立无援的。即使遇到问题也得不到及时的指导和帮助，长时间下来，学生的独立学习能力和学习探索能力的发展将会受到限制，严重的甚至会让学生失去独立学习的兴趣。

翻转课堂上，课前进行知识的传递，课中进行知识的内化吸收、实践应用，课后进行知识的拓展延伸。翻转课堂课后活动不再进行课后作业的布置，而是进行作品的制作和分享。学生将每一章节的学习成果做成作品，从而对知识进行拓展延伸。学生所做的作品可以放到课中活动的成果展示环节展示，也可以在短视频教学资源平台上发布，教师和其他同学在平台上可以进行观看和点评，优秀的作品可以制作成新的短视频教学资源。

课后活动中，教师要做到三点：（1）为未构建认知结构的学生提供在线的知识补救。（2）在线辅导对知识点存在疑惑的学生。（3）每个章节结束之后，评价学生所分享的作品，并公布评价结果。

第二节　微课应用模式

一、短视频教学资源是微课的核心资源

现实中，很多人把微课和短视频教学资源混为一谈，这其实是错误的，二者存在一定区分，也有着密切联系。

短视频将多媒体技术、网络技术和移动通信技术进行了紧密结合，是一种特定产品与概念，主要表现在三方面：（1）内容记录的时间短。（2）具有流媒体数字化存储特性（rm、flv、mp4 等）。（3）教学内容表达具有独立性与完整性。

从教学资源层面分析短视频，其实就是微课中比较核心的一种教学资源，是在特定的互联网时代背景下产生的，具有特定内涵。教学短视频虽然播放的时间短，但是教学主题是明确的，并且短视频支持移动学习和泛在学习。

LeRoyA.McGrew 是美国北艾奥瓦大学的教授，他提出了 60 秒课程，这是微课的雏形。

在我国，微课最早出现在 2010 年，是由佛山市教育局的胡铁生提出。但是，微课从出现至今，存在很多歧义，对于微课的定义，不同学者有不同说法。在教育技术领域，微课概念主要集中在胡铁生、焦建利、黎加厚等专家学者提出的观点。

焦建利认为："微课是以阐述某一知识点为目标，以短小精悍的在线视频为表现形式，以学习或教学应用为目的的在线教学视频。"[1]

---

[1] 焦建利 ."微课"兴起 [N].南方都市报，2013-04-02.

黎加厚认为："微课是指时间在 10 分钟以内，有明确的教学目标，内容短小，集中说明一个问题的小课程。"①

胡铁生认为："微课是指按照新课程标准及教学实践要求，以教学视频为主要载体，反映教师在课堂教学过程中针对某个知识点或教学环节而开展教与学活动的各种教学资源有机组合。"②

在国内，不同的学者对微课的定义有不同的看法。焦建利教授对微课的表现形式和应用目的进行了强调，认为微课是一种教学资源；黎加厚教授将微课看作微型课程；胡铁生对以短视频为核心的组合资源进行了强调。因此，焦建利教授和胡铁生的观点是一种资源说，黎加厚教授的观点是一种课程说。

实际上，要从本质上对微课的定义进行探究。要对微课的定义进行确定，首先要知道课的定义，课一般指按节来计数的课堂教学，在一节课中，能够对一个或几个知识点进行解决，师生在这节课上进行了互动。一节课的时长一般为 40~45 分钟。

课堂教学包含了教师的教和学生的学，除此之外，课堂教学是在既定教学目标、教学内容、教学策略中进行的，在课堂教学的最后环节还要进行教学评价。这种有师生高度参与和互动的课堂教学活动才能称之为课。课对师生之间的互动进行了高度强调，并且课活动的过程是动态的。教学内容以一些特定的资源的方式进行呈现，如教材、课件、讲义、教学视频等。在课堂教学中，教学资源是非常重要的构成部分，然而即使是再优质的教学资源也不能对自然发生的学习过程进行保证，资源与学习之间不存在因果关系。教学资源不是课，短视频是一种教学资源，因此不能称之为微课。

对于课堂教学来说，教师的教和学生的学是师生互相参与的过程，这也是课的本质。汉语中，"微"是微小、细小、精致化的意思；英语中，与之对应的是"mini"和"micro"，"mini"所表述的意思是微观，"micro"所表述的意思是微小的。"Lecture"的意思不是课程或者科目，而是指一种在众人面前的演讲、讲话、讲解③。因此，将 Micro-lecture 译为微课是比较准确的。教学活动是微课的本质，

---

① 黎加厚. 微课的含义与发展 [J]. 中小学信息技术教育，2013（4）：9-12.
② 胡铁生. "微课"：区域教育信息资源发展的新趋势 [J]. 电化教育研究，2011（10）：61-65.
③ 韩庆年，柏宏权. 超越还原主义：在线教育背景下微课的概念、类型和发展 [J]. 电化教育研究，2014（7）：98-102.

微课在移动互联网上进行，短视频则是学生进行微课学习的主要资源。学生学习的是短视频中的内容；移动互联网增加了师生之间的互动和交流。微课也是课程的一种形态。

因此，微课是以短视频为核心教学资源，在"微教案"等其他类型的教学资源为辅助，在移动互联网上对一个知识点进行有效解决并且能够实现师生活动的教学活动。

二、以短视频教学资源为依托的微课特征

短视频、微课两个词中有"微""短"的字眼，这是二者之间的共同之处，也是与普通课程有所区别的核心特征，是一种优势。以短视频为依托的微课的主要特点有以下几种。

（一）教学、学习时间短

微课的时长一般约为 5～10 分钟，这也是短视频的特征之一，因此，微课中短视频是重要的组成部分。传统课堂教学的时长一般在 40 分钟左右，传统课堂与微课相比，微课的微小精简是传统课堂无法比拟的优势所在。传统课堂上，学生只有坐在教室里认真听讲，才能跟上教师的教学进度。而微课的教学内容是非常短小而精炼的，具有较强的针对性，教师不需要花时间去引入和渲染知识点，针对特定的问题直接进入主题。学生学习的环境和时间也不会受到限制，可以随时随地地在短视频教学资源平台上学习。

（二）知识碎片化、针对性强

我们可以将知识碎片化归纳为两种方式：一是，微课的教学内容一般情况下会在课堂教学内容中选取一个知识点，可以是教学重点，也可以是教学难点或者疑点，这样可以有针对性地对重难点进行突破，为学生遇到问题之后的及时解决提供了便利。例如，在学习过程中，学生如果对某个知识点不理解或者不明白，他可以听取对应的微课进行学习，这样学生能够在短时间内就解决了问题。二是，我们也可以在课堂教学活动中选取某个教学环节或者主题作为微课的教学内容，与传统课堂教学内容相比，微课的教学内容是更为精简的，主题也是非常突出的，具有明确的指向性，与教师的教学需要也是更为相符的，对课堂教学效率的提高

也具有重要的促进作用。

（三）学习成效更好

在教学过程中，学生对于知识的吸收，主要来源于人的视觉，但是，虽然听觉的占比比较少，但是视觉有了听觉的加入，将会大大增强学生的记忆力，提高对于知识的吸收率，促进学生学习目标的达成。短视频是一种新型媒体，将图片、文字和声音融为一体并以图像的形式呈现，这在视觉上对学习者产生了巨大的冲击，从而在学习者的大脑中留下了非常深刻的印象。在课堂教学中，微课的运用能够提高学生学习知识的效率，还能帮助学生进行知识拓展，促进学生对知识的深入理解，提高学生的学习兴趣。

微课具有视频短小和播放流畅的特点，不仅能够帮助学生在限定时间内进行高效的学习，也能够为学生课后的自我提升和查漏补缺提供便利，从而促进学生学习水平的提高，因此，微课能够帮助学生更好地提升学习成效。

三、运用短视频进行微课教学的设计方案

（一）课前资源准备

设计教学内容要考虑到学生的认知情况和记忆规律，可以适当地引入一些游戏。学生在外在环境的干扰下，再加上自身的随意心理，很容易就会进入到无意注意的状态。在对教学材料进行设计的过程中，适当地融入一些鲜明生动的短视频画面或者一些有趣的游戏，这样可以回笼学生的有意注意。

备课时，不仅要备教学内容，也要备视频。一方面，教师要熟悉自己所选择、所制作的短视频——放视频前，从头到尾把要播放的视频反复多看几遍；另一方面，教师在准备视频时不能随便选择，需要在短视频资源平台上精挑细选，所选择的短视频应是自然生动的。

（二）以短视频为载体的课堂活动

1.视频观看前的活动

短视频观看前，老师要将视频的相关背景知识向学生讲解，教师对背景直接做出介绍是一个最有效的方法，通过让学生对内容猜测引出学生不熟悉的知识内

容，也可以让学生对此讨论。

2. 视频观看时的活动

学生在短视频观看过程中，教师需要考虑的是如何能够提高视频的效果。在对视频进行快进、后退和重新播放时，教师要提醒学生注意三方面的内容，分别是知识性的信息、情节的发展和有特色的语言表达。学生要带着问题去观看短视频，这样能够激发学生思考的主动性和积极性。

3. 视频观看后的活动

学生在完成视频的观看之后，教师可以设计和组织一些活动，可以让学生进行一些相关的练习，从而让学生对比较重要的知识内容进行更好地理解和掌握。活动的形式是多样的，可以是小组讨论，也可以是角色扮演，更可以是相关知识训练，从而促进教学目标和学习目的的达成。在微课教学中，教师对短视频功效的发挥起着决定性的作用。

（三）课后实践反思、巩固练习

教师对课堂教学视频进行反思之后，把课堂录像再进行加工，整理成短视频，将其上传到短视频教学资源平台。这样利用短视频的微课本身也成为一种短视频教学资源，无形中实现了资源的优化升级、良性循环。

学生可以登录短视频资源平台，选择教师所使用的短视频，或教师所上传的新短视频（微课），如果学生在课堂上没有听懂，可以反复观看相关视频，除此之外，学生也可以观看之后对视频进行评价，也可以与其他人交流互动。学生提交信息之后，教师应该及时反馈，从而提高学生的兴趣和参与性；学生中不乏一些有特殊或棘手问题学生，对于这样的学生，教师可以通过短视频资源平台的相应功能和教师进行单独交流，进行针对性的指导学习。

具体教学过程设计方案如图 5-2-1 所示。

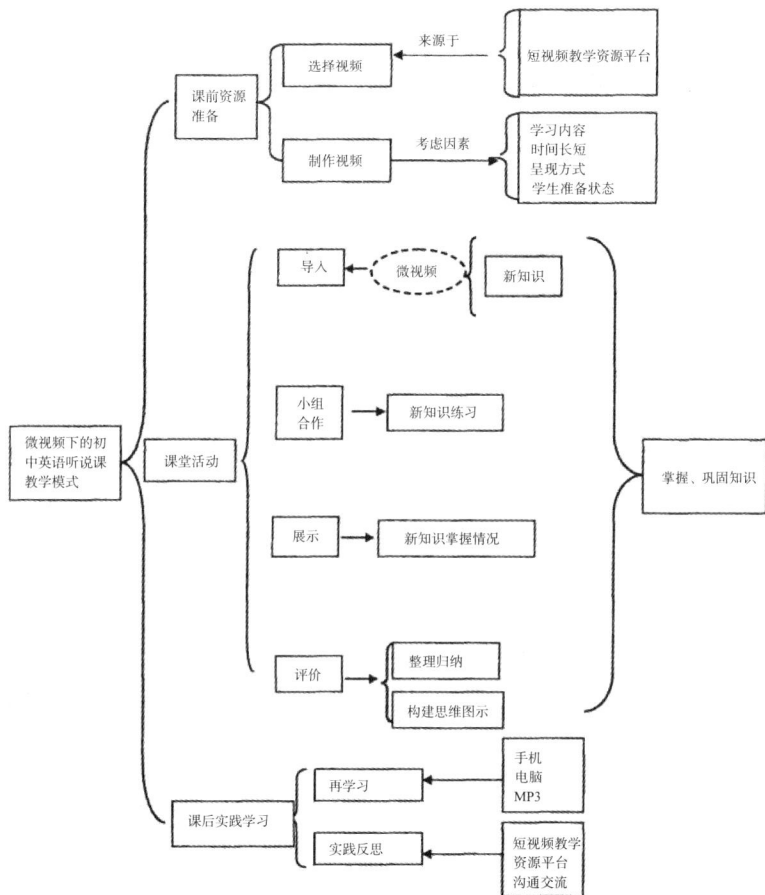

图 5-2-1 运用短视频进行微课教学的具体方案

第三节 交互式微视频教学应用模式

一、交互式微视频概念

在短视频的基础上，又有了交互式微视频，对于交互式微视频的概念，不同的学者有不同的看法。

王楠、乔爱玲认为，"视频交互式"网络课程是一种教学形式，是在网络交互技术的基础上，将教师的教和学生的学进行了有效的结合①。

刘均认为，网络教学视频所包含知识点应该是小的，要将一门课程进行划分，分成若干个片段，这又有利于之后的维护和修改。每一个视频在播放中应该设置多个索引点，能帮助学生快速定位到所想要观看内容的索引点，并且视频应该包含讲解、演示和测验等教学内容，让学生观看过程中能够与视频内容充分地交互，对于学习效果也能获得及时的反馈，这样能够促进学生的学习，提高学生的积极性②。

张远萍认为，交互式微视频教学法指的是提前在视频终端上录制相关的课程内容，或者是对已经录制好的视频资源重新梳理和制作，在教学过程中播放、讲解、操作③。

赵秋锦等学者认为，交互式教学微视频就是对课程教学资源进行划分，分成若干个小的知识单元，根据教育教学规律，保证时长在 3～5 分钟，学生可以在移动终端上观看具有交互功能的视频片段，能够不受时间和空间限制地学习，能够自己控制自己的学习进度，提高学生的学习自主性和探索性④。

张攀峰等学者认为，在计算机学习环境下，学生与学习内容和资源之间进行相互作用，并进行相关操作，这样的视频就是交互式微视频⑤。

在这里，将交互式微视频的概念界定为，教学视频播放时长在 5 分钟以内，以教学目标为基础设计一个比较完整的教学内容，再通过视频编辑软件进行剪辑，在网络平台上进行播放，并且学生观看过程中能与视频内容进行充分交互并能够及时获得反馈的一种视频资源形式。

① 王楠，乔爱玲．"视频交互式"网络课程的设计与开发 [J]．现代远距离教育，2006（05）：65-68．

② 刘均．2010 International Conference on Circuit and Signal Processing & 2010 Second IITA International Joint Conference on Artificial Intelligence：Proceedings of 2010 International Conference on Circuit and Signal Processing & 2010 Second IITA International Joint Conference on Artificial Intelligence[C].1994-2015China Academic Journal Electronic Publishing House，2010．

③ 张远萍．交互式微视频教学法在计算机实操课中应用的研究 [J]．广东教育，2014（5）：97-99．

④ 赵秋锦，王帆，朱彦君．交互式教学微视频：精品视频公开课的微型转变与补充 [J]．广州广播电视大学学报，2014（2）：25-29．

⑤ 张攀峰，高艳艳．交互式微视频资源的设计与应用：以"Photoshop 平面设计"课程为例 [J]．中国教育信息化，2015（4）：48-51．

二、交互式微视频教学应用模式分析

（一）弹幕交互的应用

现如今，很多视频网站在播放视频时都有自带的弹幕功能，短视频教学资源平台也应就"弹幕功能"加以应用。在此基础上，能更好发挥交互式短视频教学的功能。

在正式开展教学之前，教师可以事先选择或制作上传交互式短视频，让学生在课前进行自主学习，学生在视频观看过程中，针对视频中问题可以利用视频的弹幕功能将自己的回答或者疑惑进行发表，这样有利于热烈、活跃的学习气氛的营造。目前，互动系统中学习者之间的发帖率并不高，经过原因分析，主要是因为回帖和发帖不是同步的，学生将自己的问题和困惑发帖之后，并不能得到及时的解决和回应。视频中的弹幕功能能够有效地解决这个问题，弹幕功能够将视频情境与内容讨论结合起来，从而实现了评论的情境性和即时性。

弹幕功能实现了学生与视频内容的互动，学生能够在观看视频的同时进行实时的讨论和评论，这样有利于提高学生讨论的热情，促进了学生学习参与度的提高。

除此之外，弹幕视频能够将评论内容保留下来，为师生、教学设计者、视频制作者、平台运营商等提供了重要的大数据，他们可以根据这些保留的数据进行深入的数据挖掘，还可以有效解决相关问题。

（二）自由形式的交互的应用

自由形式的交互就是在交互式视频中适当地加入一些与游戏类似的交互活动，比如拖拽、匹配等，这种交互的题型可以不是固定的，文本内容也可以是不具体的，但是内容是简单而有趣的，素材是比较丰富的，这样能激发学生的兴趣，提高学生学习的积极性，帮助学生在学习中找到乐趣。

对于传统教学视频，学生对于视频的观看只是单方面的，学生与教师之间无法进行交互，只是学生对于视频内容的学习非常单调，有的学生甚至不能集中精神地观看视频。自由形式的交互在物理和心理两个层面上缩短了教师与学生之间的距离。

（三）测验交互的应用

学生在学习过程中常常遇到这样的问题，那就是课上接收的知识，课下不知道自己消化了多少。传统教学模式中，老师往往通过考试对学生知识掌握情况进行检测，但是大考无法天天进行，小考又非常占用讲课时间。而交互式微视频教学模式就能很好地解决这一问题。学生只需要登录短视频教学平台，就能通过相关短视频进行测验交互，及时查找出自己不足，检测自身学习成效。

测验交互一般是视频中出现的测验题，在视频学习的过程中或者视频学习结束出现，测验交互的类型大致有以下三种。

1.填空式测验交互

填空式交互练习题的题型是非常小的，能够覆盖的面也比较广，跨度也是非常大的，因此这种题的形式是非常灵活的，并且能够根据教学目标和教学任务将一些问题进行综合。这种练习题的答案是非常确切的，因此，学生必须对所学的知识和内容有充分的理解和记忆。这种习题的语句一般是要经过"变形"的，主要是为了训练学生对知识的灵活运用能力。

2.选择式测验交互

选择式交互练习题一般由两部分组成，分别是题干和选项。题干一般是以陈述句或疑问句的形式对解题情景和思路进行创设，选项指的是与题干相关的备选答案，这些备选答案中会为正确选项设置一些干扰选项。这种类型的练习题能够培养和提高学生概括、分析、评价等方面的能力，帮助学生用辩证唯物主义和历史唯物主义观点对问题的水平进行进一步的认识。这种类型的练习题根据正确选项的个数可以分为两种形式，一种是单选题，正确选项只有一个；另一种是多选题，正确选项有两个及以上。这两种形式在交互式微视频中常常被用到。

3.判断式测验交互

判断式交互练习题的答案只有两种，不是对就是错。传统判断题一般是在问题的后面设置一个括号，学生根据问题进行判断对错之后在括号内打上"√"或"×"，判断式交互练习题与之不同的是，它主要是通过选择"True"或"False"的方式。对于这种类型的练习题，我们从表面上看感觉是非常简单容易的，但是很多判断题似是而非，很容易让学生混淆。

与传统的测验相比，交互式测验可以让学生选择答题或者继续观看视频。学生对问题进行回答提交之后可以得到及时的反馈，能够看到自己所做的题是否正确，能够及时了解自己测验的结果，也可以重复观看测验，大大提高了学生学习的效率。学生在得到及时反馈之后，可以根据自己的实际学习情况选择回看或者继续学习，满足了学生个性化的需求。

第六章　教学资源平台管理与应用展望

在构建短视频教学资源平台并对其加以应用之后，我们还需强化对教学资源平台的管理，以及对其应用进行展望，从而使其得到更好的发展。本章主要包括两部分内容，分别为教学资源平台管理和教学资源平台应用展望。

第一节　教学资源平台管理

一、对资源库进行分类管理

短视频教学资源是比较多的，根据上传时间的顺序进行分类，并放在独立的文件夹中，可以按照年份或者月份进行分类放置，这样为资源的管理和查找提供了便利。随着时间的推移和资源的增多，这些资源就形成了教学资源电子档案库。

二、专人管理明确权限

短视频教学资源的编制花费了教师大量的时间和精力，上传到公共教学资源库平台之后，应该设置资源访问权限，对教师的知识产权进行有效保护。首先，系统管理员应该定期对系统进行全面的维护和管理，防止黑客的攻击、非授权人员的访问、数据资源的外泄等等，保证系统平台的安全。其次，将合法访问的用户根据权限进行划分，比如，资源管理员可以对所有的资源进行管理，管理员可以对不符合规范的资源进行删除操作，并要求上传者进行重新上传；教师只能管理自己所上传的资源，学生能够访问和下载经过教师授权的资源，未注册的或者未经过授权的用户不能访问下载或者只能访问不能下载。权限的明确，为教学资源高效合理地利用提供了有力保障。

三、完善管理制度

在制度和法律法规方面对管理员的行为进行约束，因为他们能够接触到大量的个人隐私和关键数据。通过规范的制度为教学资源库平台数据的安全提供保障。

第二节　教学资源平台应用展望

一、提高教师用户的信息化操作水平

短视频教学资源平台是辅助教师教学的一种工具，要想发挥平台辅助的作用，平台中就必须有众多教师用户的参与，保证教师用户的数量为短视频教学资源的数量奠定基础。平台中，只有广大师生进行了互动，平台互动学习的功能才能得到有效发挥。广大教师的信息化操作水平决定了教师对平台相关功能的熟练使用，也为视频资源的上传提供了保障，更为平台上师生的互动提供了保证，因此，提高教师的信息化操作水平是短视频教学资源平台有效推广的前提。

二、提高学生用户的信息操作水平

学生是短视频教学资源平台服务的重要对象，建设平台的目的就是让更多的学生在平台上获得丰富的学习资源，从而丰富学生的知识量和提高学生的学习技能。学生信息化操作水平的高低决定了学生在平台上进行学习的参与性和学习资源的收获量，因此，提高学生用户的信息化操作水平是非常有必要的。

三、丰富和更新平台教学资源

短视频教学资源平台中最有价值的内容就是教学资源，没有丰富的教学资源和不断更新的教学资源，就无法保证学生用户的数量；因为学生在教学资源平台上得不到想要的资源，就不会在平台上进行学习，平台也就丧失了服务学生的功能。因此，要想对短视频教学资源平台的应用进行有效推广，就必须不断丰富教学资源，不断更新教学资源，不断开辟新的资源开发途径。短视频教学资源平台可以与学校、专家学者和社会企业联合起来，从中获得更多更好的教学资源，从

而保证平台教学资源的实效性和实用性。

四、不断改进与更新技术

一方面，系统平台的操作界面设计要与时俱进，这样才能更加方便用户的操作，提高用户的操作体验。例如，Web2.0 技术可以实现收藏自己的常用功能、可以定制自己喜欢的用户界面，短视频教学资源平台就要及时对其加以运用，更新新版本。

另一方面，为了更好地推广和应用短视频教学资源平台，我们要在目前的功能设计上不断进行改进与更新，不断推出新的版本，以满足用户产生的新需求，从而真正保障教学成效。

五、全方位打造智慧教学服务体系

要想更好地利用短视频教学资源平台，更好地发挥平台的功能，学校需要打造一个完善的智慧教学服务体系。

首先，要建设学校的网络化学习环境，将教学资源、学习工具、应用服务整合在一起，共同建立起一套集教学、学习、管理、评价一体的完善的教学服务体系，这能有利于学校应用各种信息化的教学模式。

其次，对资源平台与公有云平台的合作和接入方式进行不断探索，建立一些规范性的文件，如数字化教学资源数据标准、平台对接标准等；同时，也要对学校与学校之间、地区与地域之间的优质教学资源共享模式进行深入研究和探索；更要对数字版权和知识产权进行有效的保护。

最后，完善和提高资源平台的个性化服务，在个人空间的基础上对个人资源网络获取功能进行建设，从而实现"资源找人"的资源汇集；可以在平台完善和建设中应用 AI 识别、大数据分析以及语料库技术等信息化技术，从而实现教学资源服务的智能化、智慧化。

参考文献

[1] 张云，李岚.基于移动云计算的教学资源平台的设计与实现[J].信息与电脑（理论版），2022，34（3）：122-124.

[2] 乔大雷，戴立坤，吕太之.基于"微课程＋云平台"的教学资源平台构建研究[J].教育观察，2021，10（47）：80-82+90.

[3] 李振兴，李海斌.基于SPOC+短视频的高职混合式教学模式探究[J].河北职业教育，2021，5（6）：55-59.

[4] 宋燕燕，秦军，董丽花，等.面向混合式教学的教学资源平台建设[J].电脑知识与技术，2021，17（25）：86-88.

[5] 吴宇晴，米洁，孙彦超，等.云计算下的高校教学资源平台建设与管理[J].国际公关，2020（12）：225-227.

[6] 孙国福.基于Hadoop的教学资源平台建设[J].电子技术与软件工程，2020（20）：188-190.

[7] 王乐，欧阳景春."互联网＋"背景下微视频教学资源的开发与利用[J].黑龙江科学，2020，11（11）：38-39.

[8] 王子成，周易.网络教学资源平台建设中存在的问题及改进：基于公共经济学课程的调查分析[J].中国现代教育装备，2020（5）：5-6+18.

[9] 陈雪梅，杜棋东.面向微课移动学习的教学资源平台数据挖掘技术分析[J].计算机时代，2020（1）：62-65.

[10] 赵铠楠.论述数字化教学资源平台建设问题及对策[J].信息系统工程，2019（10）：162-163.

[11] 秦克飞，王美玲.微视频教学资源的内涵、开发及应用[J].南方职业教育学刊，2019，9（5）：103-109.

[12] 郑治武.基于Hadoop的高校云教学资源平台的设计与实现[J].湖北农机化，2019（9）：29-30.

[13] 李宏伟，王博.大数据教学资源平台搭建中的人工智能技术应用探讨[J].中国多媒体与网络教学学报（中旬刊），2019（5）：136-138.

[14] 赵彩虹，王一定."抖音"短视频教学特点及对职业教育的启示[J].机械职业教育，2019（4）：43-45.

[15] 崔福玲 . 对国内微视频教学资源应用的思考 [J]. 中小学电教，2018（4）：27-30.

[16] 刘丹，梁丽，曾燕，等 . 基于 Hadoop 的云教学资源平台 [J]. 长春理工大学学报（自然科学版），2017，40（6）：123-126+130.

[17] 高湘波 . 视频教学资源的适切性及其对教学效果的影响研究 [D]. 湘潭：湖南科技大学，2017.

[18] 韦小梧 . 面向应用型课程教学的微视频教学资源库建设探索 [J]. 科教导刊（上旬刊），2017（16）：96-97.

[19] 初万江，王建，许竹萍，等 . 优质视频教学资源的特质、形式及其构建的基础要素分析 [J]. 中国医学教育技术，2016，30（6）：671-673.

[20] 丁化 . 微视频教学资源的设计、制作及其在教学中的应用研究 [D]. 武汉：华中师范大学，2016.

[21] 严兰兰，秦永华，田宗明，等 . 高职实践课程微视频教学资源库建设探索 [J]. 山东化工，2016，45（3）：106-107.

[22] 童卫军，姜涛 . 高等职业教育专业教学资源库平台建设研究 [J]. 中国高教研究，2016（1）：107-110.

[23] 贺启谋 . 琢磨与切磋相生相长："微视频"教学资源库建设实践感悟 [J]. 北京教育（普教版），2015（3）：48.

[24] 彭亚雄 . 高职院校搭建视频教学资源平台的必要性和可行性分析 [J]. 黄冈职业技术学院学报，2014，16（3）：41-43.

[25] 赵海霞，许维英，陈菀菁 . 高校音视频教学资源库数字化建设研究 [J]. 软件导刊（教育技术），2012，11（7）：74-75.

[26] 范福兰，张屹，白清玉，等 . 基于交互式微视频教学资源教学模式的应用效果分析 [J]. 现代教育技术，2012，22（6）：24-28.

[27] 张向阳 . 基于"云计算"的教学资源平台构架与应用功能研究 [J]. 煤炭技术，2012，31（1）：239-241.

[28] 张慧 . 基于云计算的开放性教学资源平台建设研究 [J]. 计算机技术与发展，2012，22（1）：202-204+208.

[29] 赵立冲 . 网络教学资源平台建设研究综述 [J]. 广西大学学报（哲学社会科学版），2006（S1）：21-23.

[30] 陈炳木 . 教学资源平台的共享性研究 [J]. 现代远距离教育，2004（2）：62-65.